ZWANGSLEKTÜRE

Jochen Duderstadt

ZWANGSLEKTÜRE

Die 25 meistgelesenen Schulklassiker

Inhalt · Bedeutung · Parodie

Eichborn Verlag

CIP-Titelaufnahme der Deutschen Bibliothek

Duderstadt, Jochen:
Zwangslektüre : die 25 meistgelesenen Schulklassiker ; Inhalt,
Bedeutung, Parodie / Jochen Duderstadt. – Neuausg. – Frankfurt am Main : Eichborn, 1996
   ISBN 3-8218-1386-5

2. Auflage, Januar 1996

© Vito von Eichborn GmbH & Co. Verlag KG, Frankfurt am Main, Januar 1996.
Umschlaggestaltung: Moni Post.
Gesamtherstellung: Fuldaer Verlagsanstalt GmbH.
ISBN 3-8218-1386-5.
Verlagsverzeichnis schickt gern:
Eichborn Verlag, Kaiserstraße 66, D-60329 Frankfurt am Main

INHALT

Die eingeklammerten Zahlen weisen auf das Jahr der Erstveröffentlichung bzw. der Uraufführung hin.

Höchstpersönliches Vorwort 9

Lessing: **Emilia Galotti** (1772) 12
                  1. Handlung
                  2. Deutung und Kritik
                  3. Emilia Controllotti

Goethe: **Die Leiden des jungen Werthers** (1774) 18
                  1. Handlung
                  2. Deutung und Kritik
                  3. Die Leiden des jungen Warthers

Goethe: **Götz von Berlichingen** (1773/1774) 24
                  1. Handlung
                  2. Deutung und Kritik
                  3. Götz (Modernes Trauerspiel aus dem evangelischen Kindergarten von Berlichingen)

Lessing: **Nathan der Weise** (1779/1783) 31
                  1. Handlung
                  2. Deutung und Kritik
                  3. Außer Konkurrenz

Schiller: **Die Räuber** (1781/1782) 37
                  1. Handlung
                  2. Deutung und Kritik
                  3. Die neuen Räuber

Schiller: **Kabale und Liebe** (1784) 45
1. Handlung
2. Deutung und Kritik
3. Sandale und Hiebe

Goethe: **Iphigenie auf Tauris** (1786) 51
1. Handlung
2. Deutung und Kritik
3. Iffe, total cool

Schiller: **Don Carlos** (1787) 57
1. Handlung
2. Deutung und Kritik
3. Charly aus'n Pütt

Kleist: **Michael Kohlhaas** (1810) 67
1. Die Geschichte
2. Deutung und Kritik
3. Kohlhaas 1990

Goethe: **Faust** (1808 / 1832) 75
1. Handlung
2. Deutung und Kritik
3. Fäustling

Heine: **Die Harzreise** (1824) 84
1. Die Geschichte
2. Anmerkungen
3. Die Harzreise von 1990

Eichendorff: **Aus dem Leben eines Taugenichts** (1826) 91
1. Die Geschichte
2. Deutung und Kritik
3. Taugt nichts

Büchner: **Woyzeck** (1879) 96
1. Handlung
2. Deutung und Kritik
3. Handschrift 5: Die 25. Szene

Droste-Hülshoff: **Die Judenbuche** (1842) 102
1. Die Geschichte
2. Deutung und Kritik
3. Die Ludensuche

Fontane: **Effi Briest** (1894/5) 107
1. Die Geschichte
2. Deutung und Kritik
3. Steffi Biest

Kafka: **Die Verwandlung** (1915) 116
1. Die Geschichte
2. Deutung und Kritik
3. Francis Kawker: Gregis Verwandlung
   (1. Folge des Vorabdrucks im STERN)

Hesse: **Siddharta** (1922) 125
1. Die Geschichte
2. Deutung und Kritik
3. Shitharder

Zuckmayer: **Der Hauptmann von Köpenick** (1931) 132
1. Handlung
2. Deutung und Kritik
3. Der Polizeihauptwachtmeister von Kleefeld

Brecht: **Der kaukasische Kreidekreis** (1944) 142
1. Handlung
2. Deutung und Kritik
3. Der kaukasische Leidescheiß

Borchert: **Draußen vor der Tür** (1947) 151
        1. Handlung
        2. Deutung und Kritik
        3. Draußen vor der Tür (Drehbuch für eine
           Neuinszenierung als literarischer Videoclip)

Dürrenmatt: **Der Richter und sein Henker** (1953) 159
        1. Die Geschichte
        2. Deutung und Kritik
        3. Der Dichter und sein Denker

Frisch: **Homo Faber** (1957) 164
        1. Die Geschichte
        2. Deutung und Kritik
        3. Homo Laber

Böll: **Ansichten eines Clowns** (1963) 170
        1. Die Geschichte
        2. Deutung und Kritik
        3. Wiedersehen mit Marie

Lenz: **Deutschstunde** (1968) 177
        1. Die Geschichte
        2. Deutung und Kritik
        3. Lenz

Walser: **Ein fliehendes Pferd** (1978) 185
        1. Die Geschichte
        2. Deutung und Kritik
        3. Martin Walser: Das Gesamtwerk

Danksagung 191

HÖCHSTPERSÖNLICHES VORWORT

Wo immer ich war, wohin ich auch kam: Ständig hatten die Deutschlehrer »Don Carlos« am Wickel. Da ich mich auf drei Gymnasien herumgetrieben habe, geschah das mindestens dreimal.

Dem normalen Leser wird es heute im Gespräch mit einem Germanisten so ergehen wie dem Schauspieler in der berühmten Anekdote: »Sire, geben Sie ... äm näh ... äh ...« »Sie meinen wohl Gedankenfreiheit?«

Nun, ich hatte das alles ein paarmal wiedergekäut, so daß ich eigentlich hätte in der Lage sein müssen, ganze Passagen zu deklamieren oder wenigstens die Handlung herunterzubeten. Weit gefehlt. Das einzige, was ich – bevor ich mich in diesem Buch an Schiller heranmachte – noch im Kopf hatte, war die Stelle, an der die Prinzessin von Eboli den Marquis von Posa fragt »Sie wollen mich doch nicht ermorden?« und der Marquis antwortet »In der That! Das bin ich sehr gesonnen.«

Ob der große Rest unwiederbringlich aus dem Hirn gedunstet oder nur zugeschüttet ist, werde ich noch erfahren, und die Nicht-Pennäler unter den Lesern dieses Leitfadens werden es für sich auch herausbekommen.

Interessanter ist gerade für die an Literatur Interessierten, wieso nichts mehr präsent ist.

Dafür gibt es, wie üblich, ein ganzes Ursachenbündel, aus dem einiges herausragt:

Da ist zum einen die Wirrnis und Unverständlichkeit der Handlung, des Stils und der Begrifflichkeit. Wie man etwa die Schüler in der späten Mittelstufe mit Götz von Berlichingen nerven kann, dessen Handlung ein einziges Kuddelmuddel ist und in dem Begriffe auftauchen, die kein Deutschlehrer erklären kann, jedenfalls nicht richtig (etwa »Urfehde schwören«), wird mir ewig ein Rätsel bleiben.

Hinzu kommt natürlich die Fremdbestimmtheit der Literatur, mit der die Schüler konfrontiert werden. Jeder Leser hat die Erfahrung gemacht, wie sich Bücher in sein Gedächtnis eingegraben haben, auf die er aus eigenem Interesse gestoßen ist.

Und schließlich, na klar, hat die Verbraucherseite im Klassenzimmer gemeinhin auch andere Interessen und Probleme als die deutsche Klassik.

Warum dann dieses Buch?

Ehemalige Schüler (und wer ist das nicht?) sollen Gelegenheit haben, ihre rudimentären Erinnerungen an die große deutsche Literatur aufzufrischen. Den Schülern soll etwas an die Hand gegeben werden, was gleichermaßen Gebrauchs- und Unterhaltungswert hat. Den Lehrern schließlich mag der Leitfaden, in dem ja viele Werke gegen den Strich gebürstet werden, als homöopathisches Mittel gegen Betriebsblindheit dienen.

Inhalt und Interpretation sind jeweils übersichtlich und streng voneinander getrennt. Insofern kann der Leitfaden als eine Art konzentrierter Ersatz für »Königs Erläuterungen« (die hier nicht benutzt wurden) herhalten. Dabei ist zugestandenermaßen die Diktion der Inhaltsangaben nicht frei von interpretierenden Elementen. Wie auch von anfechtbaren Schwerpunktsetzungen. Wer das für vermeidbar hält, ist naiv. An eine vollkommen objektive Darstellung gibt es nur Annäherungen.

Die parodistische Einlage schließlich soll die Dichter und ihre Helden für kurze Zeit vom Sockel holen und den Leser ein wenig dafür entschädigen, daß es in der deutschen Hochliteratur so erbärmlich wenig zu lachen gibt.

Gegliedert ist das Ganze einigermaßen chronologisch, d. h., von begründbaren Ausnahmen abgesehen, nach den Erscheinungs- bzw. Erstaufführungsdaten. Die ursprünglich geplante Untergliederung in Literaturepochen habe ich wohlweislich sausenlassen, um nicht in Teufels Küche zu geraten. Der Faust etwa vereint Elemente des Sturm und Drang, der Klassik und der Romantik, die Harzreise läßt sich ebensogut unter die Romantik wie unter den Vormärz packen, und die Schöpfer des Michael Kohlhaas und des Siddharta passen sowieso in keine Schublade.

Für die Auswahl muß um Nachsicht gebeten werden.

Damit niemand glaubt, hier sollten die bedeutendsten Dichter und ihre größten Werke präsentiert werden, ist erläuternd hinzuzufügen, daß das wichtigste Auswahlkriterium die zum Teil schon traditionelle Bedeutung des Werks für den Deutschunterricht ist. Hier kommt also nicht das Beste zum Zuge, sondern das, was gemeinhin »durchgenommen« wird. Die »Judenbuche« und der »Hauptmann von Köpenick« gehören, ohne die Verdienste von Droste-Hülshoff und Zuckmayer auch nur im geringsten schmälern zu wollen, nicht gerade zur Weltliteratur, aber sie bieten sich wegen ihrer Leichtfaßlichkeit für den Mittelstufenunterricht an. Mein persönlicher Geschmack hat bei der Auswahl kaum eine Rolle gespielt. Sonst hätte ich einige literarische Hervorbringungen sicherlich draußen gelassen. Welche, läßt sich an einigen Interpretationen und Parodien ablesen. Aus Gründen der Selbstachtung mußte ich allerdings auch meine persönliche Schmerzgrenze respektieren. Ich bitte deshalb um Verständnis dafür, daß ich mir Anna Seghers' 7. Kreuz und Plenzdorfs neue Leiden nicht auch noch aufgeladen habe.

Auf der anderen Seite mußten unter dem Zwang, eine Auswahl zu treffen, Opfer gebracht werden: Hölderlin, Hebbel, Grillparzer, Keller, Storm, C.F. Meyer, Thomas Mann, Musil, Hauptmann, Kästner, Grass und Handke sind nur einige von ihnen. (Und die armen Lyriker von Rilke über Hoffmannsthal und Benn bis Celan sind ganz ausgeblendet worden, denn Inhaltsangaben sind bei Gedichten überflüssig und Interpretationen ähneln dem Versuch, einen Pudding an die Wand zu nageln.)

Wer da meint, daß ein Nationalproporz gewahrt werden muß, mag zur Kenntnis nehmen, daß die Schweiz immerhin mit Frisch und Dürrenmatt vertreten ist. Die österreichischen Leser bitte ich um Pardon dafür, daß ich nur einen Kaukanier, nämlich Franz Kafka, gewürdigt habe. Wer einen DDR-Schriftsteller vermißt (Plenzdorf? Kunze?), muß sich mit Brecht begnügen. Der stammt zwar aus Augsburg, aber das besagt nichts für die Zuschreibung und Vereinnahmung von Literatur. Joseph Conrad ist ja schließlich auch einer der größten englischen Schriftsteller, obwohl er aus der Ukraine kam und Polnisch seine Muttersprache war.

GOTTHOLD EPHRAIM LESSING

Emilia Galotti

1. HANDLUNG

Hettore Gonzaga, Oberhaupt eines kleinen oberitalienischen Fürstentums, trifft anläßlich eines Empfanges (Vegghia) beim Kanzler mit der schönen Emilia zusammen und verliebt sich auf der Stelle in sie. Fortan hat er keine Lust mehr auf seine Mätresse, die Gräfin Orsina.

Dem geplanten Damentausch steht allerdings der Umstand entgegen, daß Emilia Galotti gerade den Grafen Appiani heiraten und mit ihm aufs Land ziehen will.

Der Prinz hat aber nun einen Kammerherrn namens Marinelli, der mit stillschweigender Billigung seines Chefs folgenden Plan ausheckt: Das Paar auf der Fahrt zur Trauung durch das als Räuberbande getarnte fürstliche Fußvolk überfallen, Appiani ermorden und Emilia in das Lustschloß des Prinzen entführen.

Der Anschlag gelingt. Emilia trifft den Prinzen im Lustschloß, ahnt aber noch nicht, wer hinter dem Überfall steckt. Erst nachdem auch die abgelegte Geliebte und Emilias Vater Odoardo eingetroffen sind und mit ihr gesprochen haben, geht ihr ein Licht auf. Sie sitzt in der Klemme. Einerseits verabscheut sie den Prinzen, andererseits merkt sie, wie empfänglich sie für seine Verführungsversuche ist (»Verführung ist die wahre Gewalt.«)

Sie steht vor der Alternative zwischen Mord und Selbstmord, verwirft beide Lösungen und bittet ihren Vater, sie zu erstechen. Der tut es schließlich auch. Ehre gerettet, Tochter tot.

Prinz Gonzaga erkennt, was er angerichtet hat, aber das hindert ihn nicht, alles auf Marinelli zu schieben.

2. DEUTUNG UND KRITIK

Selbst auf die Gefahr hin, gleich alle Mediävisten unter den Lesern zu ver-
ärgern, muß gesagt werden, daß vor Lessing mit der deutschen Literatur
nicht viel los war. Produziert wurden Minnelieder, dann eine Weile fast
gar nichts, anschließend eine solide Bibelübersetzung (Luther), Bauern-
schwänke, derbe Geschichten, Barockopern und protestantische Kirchen-
lieder.

Lessing (1729-1781) lebte in der Zeit der Aufklärung, also jener vom
Bürgertum getragenen geistesgeschichtlichen Epoche, die sich nach einem
berühmten Wort des Philosophen Kant den »Ausgang des Menschen aus
seiner selbstverschuldeten Unmündigkeit« zum Ziel gesetzt hatte.

Die Germanisten unterscheiden zwischen drei Phasen der Aufklärung.
Ihre letzte, die Spätaufklärung, ist zeitlich deckungsgleich mit der Zeit des
»Sturm und Drang«, zu dessen Vorläufern und Vorbildern Lessing zählte.

Der Sturm und Drang machte sich natürlich den Rationalismus der
Aufklärung, die Befreiung des Denkens von religiösen Bindungen und die
Frontstellung gegen fürstliche Willkür zu eigen; zugleich verstand er es,
die freigewordenen religiösen Kräfte an Weltliches zu binden. Die Säkula-
risierung (Verweltlichung) des Gefühls führte zu einer neuen Empfindsamkeit in der Literatur, zur Erfahrung der Einsamkeit und zur Überbeto-
nung der Innerlichkeit.

Man kann also sagen, daß der aufklärerische Rationalismus nach außen
hin mit einer irrationalen Innerlichkeit verschmolz.

Es fällt bei Lessing selbst wie bei vielen anderen Dichtern nicht leicht,
ihn einer bestimmten Literaturepoche zuzuordnen. Er war sicherlich ein
Vertreter der Spätaufklärung, aber ein höchst problematischer, dem wegen
seiner sehr entschiedenen religiösen Bindung auch Tendenzen nicht fremd
waren, die sich mit der Aufklärung beißen. Man darf ihn aber als Wegbe-
reiter des Sturm und Drang bezeichnen, zugleich als Vorbild für die
bedeutendsten Vertreter dieser Epoche, vor allem für den jungen Schiller.
Und Lessing war, um einen dritten Begriff einzuführen, der Begründer des
bürgerlichen Trauerspiels, und zwar im Rahmen der Neugestaltung des
deutschen Dramas überhaupt.

Lessings Reformvorschläge, veröffentlicht in der Wochenzeitschrift

»Hamburgische Dramaturgie«, nach der Einstellung des Blatts dann in Buchform, lassen sich so zusammenfassen:

1. Die Lehre von den drei Einheiten (Einheit des Orts, der Zeit und der Handlung)* gilt nicht mehr. Nur die Einheit der Handlung muß gewahrt werden. Zeit und Ort können wechseln.
2. Die handelnden Personen des Dramas müssen gemischte Charaktere sein; Extreme erregen kein Mitgefühl.
3. Am Ende der Tragödie muß die Katharsis (Reinigung) stehen, nicht der pure Schrecken.

Diese Grundsätze hat Lessing in der »Emilia« nur teilweise verwirklicht. Seine Polemik gegen die Einheit von Zeit und Ort ist schwer verständlich, wenn man sieht, daß die Handlung auf einen einzigen Tag zusammengedrängt ist und nur zwei Schauplätze hat, nämlich die Residenz und – vorwiegend – das Lustschloß. Die Einheit der Handlung hat er dagegen vorbildlich durchgehalten.

Der Forderung nach gemischten Charakteren entspricht am ehesten der Prinz.

Er ist auf eine durchaus empfindsame und zarte Weise in Emilia verliebt. Er zeigt menschliche Schwächen und ist sich ihrer ebenso bewußt wie seines Rollenkonflikts (individuelle Neigungen gegen Staatsraison). Er übt auch herbe Kritik an der höfischen Lebensart und ihrer geistigen Öde.

Andererseits zeigt er völlige Mitleidslosigkeit (siehe das berühmte »recht gern«, als ihm ein Todesurteil zur Unterschrift vorgelegt wird). Er belädt sich mit Schuld und läßt die Drecksarbeit von anderen machen. Er ist rücksichtslos, egoistisch und am Ende in seiner Schuldzuweisung an Marinelli auch noch selbstgerecht.

Aber was ist nun mit Emilia und mit Marinelli? Die eine ist in ihrer furchterregenden Tugendhaftigkeit nur gut und der andere in seiner kriecherischen Tücke nur böse.

---

* Vertreten wurde diese Lehre vor allem von den französischen Tragödiendichtern Corneille und Racine, die die europäische Theaterdichtung zur Zeit des Barock beherrschten, begründet jedoch schon von Aristoteles (384 – 322 v. Chr.) in seiner »Poetik«.

Kommt (siehe Prinzip Nr. 3) am Ende die Katharsis wie in der griechischen Tragödie oder das Gräßliche, also der von Lessing bekämpfte reine Schrecken?

Wer um der Tugend willen die eigene Tochter ersticht, hat sie zwar unbestreitbar endgültig allen Anfechtungen entzogen und sich selbst entsprechende Befürchtungen für die Zukunft erspart, aber das Schauderhafte dieses Tugenddogmatismus' überwog schon damals bei vielen Zuschauern und Kritikern.

Warum ersticht Odoardo seine Tochter und nicht – wie in der antiken Handlungsvorlage, der Virgina-Geschichte von Livius – den Prinzen? Gebiert der Klassengegensatz Bürgertum/Absolutismus hier eine gegen sich selbst gekehrte Aggressivität?

Eine Antwort ist nur möglich, wenn man sich die Scheinbarkeit der Entpolitisierung des Dramas vergegenwärtigt. Emilia Galotti ist ein politisches Drama, nur: Zentraler Wert bürgerlicher Eigenständigkeit ist nicht die Selbstbestimmung oder das Aufbegehren gegen die Willkür, sondern die Tugend. Und es geht zugleich nicht um eine revolutionäre Beseitigung des Klassengegensatzes, sondern, im Vorfeld, um die Bestätigung des bürgerlichen Selbstverständnisses und der eigenen Position durch ein Selbstopfer. Wer das völlig zu Recht für gräßlich hält, sollte nicht ganz die Frage aus dem Auge verlieren, was an einer Revolution (oder auch etwa dem Volksaufstand in der Livius-Geschichte) mit all ihren unschuldigen Opfern weniger gräßlich ist.

Das soll die Kritik an Lessing nicht entschärfen. Bedenklich bleibt der Umstand, daß Emilia hier einem Prinzip geopfert wird und daß Odoardo nur einen sehr flüchtigen Ansatz zur metaphysischen Revolte (Empörung über oder gegen Gott) zeigt, obwohl er selbst glaubt, daß dieser seine Tochter »unschuldig in diesen Abgrund gestürzt hat«. Aber mehr konnte ihn der Lutheraner Lessing nicht sagen lassen.

3. EMILIA CONTROLLOTTI

Emilia.   Um meiner Tugend willen, Vater, geben Sie mir den Dolch.

Odoardo.   Besinne dich! Auch du hast nur **ein** Leben zu verlieren.

Emilia.   Oh mein Vater, lästern Sie nicht. Das ew'ge Leben bleibt mir, das sollten Sie nicht gering achten!

Odoardo.   Gewiß, gewiß. Doch welche Seite der Ewigkeit erwartest du, wenn du dich selbst entleibst?

Emilia.   Geschieht es um der Tugend willen, wird mit der Richter unser aller gern verzeihen.

Odoardo.   Oh der verbogenen Wollust deiner Tugend! Von wo droht ihr denn Gefahr? Denkst du, man tut ihr Gewalt an?

Emilia.   Das fragen Sie, mein Vater? Der Leichnam meines Bräutigams ist noch warm, und sein Mörder will mich verführen.

Odoardo.   Mörder? Das war Marinelli, die Kanaille. Aber vielleicht hatte auch der Himmlische seine Hand im Spiel, um dich von dem Langweiler zu befreien, mit dem deine Mutter dich um ein Haar verkuppelt hätte.

Emilia.   Vater!

Odoardo   (*gleichfalls schreiend*).
Wenn du ihn je geliebt hättest, müßtest du dann die Verführungskunst des Prinzen fürchten?

Emilia   (*schluchzend*).
Ich gesteh's ja. Der Prinz erzeugt einen Aufruhr in meiner Seele, wann immer ich nur seine Stimme höre.

Odoardo.   Dann geh mit ihm und ich stehe dafür, daß zwischen euch und seinem Schlafgemach der Traualtar steht.

Emilia.   Der Wächter meiner Tugend sollten Sie sein, mein Vater, nicht ihr Verderber.

Odoardo. Tugend, Tugend! Ich kann's nicht mehr hören! Wozu diese Tugend jenseits der Liebe?

Emilia. Das fragen Sie? Was unterscheidet uns Bürger von höfischer Verderbnis, wenn nicht die Tugend?

Odoardo. Naives Huhn! Die haben die Macht, wir nicht. Das ist alles!

Emilia. Das lügen Sie! Verderbter!

Odoardo. Hör auf zu plärren, das ist ja nicht zu ertragen. Schluß, oder ich ....

Emilia. Sie spotten meiner Tugend! Den Dolch!
(*Der Prinz tritt ein.*)

Prinz. Was muß ich hören?

Odoardo (*im Weggehen*).
Gut, daß Sie kommen, Exzellenz, um ein Haar hätte ich sie erstochen.

JOHANN WOLFGANG GOETHE

Die Leiden des jungen Werthers

1. HANDLUNG

Der Held des Romans, nach außen hin ein aufstrebender junger Beamter, lebt in einem Zustand anhaltender Verzückung über Charlotte (Lotte), in die er sich hoffnungslos verliebt hat. Das bringt ihn in einen doppelten Konflikt mit der Welt:

Die kleinbürgerliche Enge der Provinzstadt und die antibürgerlichen Ressentiments seiner Vorgesetzten wecken bei ihm nur Ekel. Er leidet, ohne sich zu wehren. Der Konflikt auf privater Ebene ist durch das Verlöbnis Lottes mit Albert bedingt, einem ehrlichen, aufrechten, praktisch veranlagten und natürlich langweiligen Beamten. Die beiden Männer sind zu verschieden, um miteinander auszukommen. Daß Werther fortfährt, trotz des bestehenden Verlöbnisses Lotte den Hof zu machen, trägt natürlich auch nicht zur Besserung des Verhältnisses bei.

Werthers ins Äußerste gesteigerte Empfindsamkeit, seine Neigung, sich ungehemmt und unbedingt seinen Gefühlen zu überlassen, treiben ihn in die Katastrophe.

Als er die Ausweglosigkeit seines Werbens um Lotte begreift, verläßt er die Stadt ohne Abschied, leidet aber in seiner neuen Umgebung schnell unter der Verarmung seines Gefühlslebens (»Nicht eine selige, tränenreiche Stunde«). Er gibt seine Stellung auf und gerät auf einigen Umwegen wieder in das Schwerefeld von Charlotte. Seine Rendezvous mit ihr bekommen einen immer masochistischeren Akzent – weiß er doch, daß Lotte sich längst mit sicherem Instinkt für den Lebenstüchtigeren entschieden hat.

Nach einer tränenreichen letzten Begegnung vollendet Werther seinen Abschiedsbrief an Lotte und jagt sich eine Kugel in den Kopf.

2. DEUTUNG UND KRITIK

Aus dem Blickwinkel der Entstehungsgeschichte ist dieser Roman zunächst einmal der gelungene Versuch Goethes, sich von der Selbstmordgefährdung freizuschreiben, der sein Held schließlich erlag.

Es gibt drei verbürgte autobiographische Quellen für das Werk:

a. Als 22jähriger juristischer Assessor war Goethe für einige Monate beim Reichskammergericht in Wetzlar. Bei einem Ball im nahen Volpertshausen lernte er die 19jährige Lotte Buff kennen, die leider schon seit vier Jahren verlobt war und deshalb seinem leidenschaftlichen Werben widerstehen mußte.

b. Auf demselben Ball war auch ein Studienkollege Goethes aus Leipzig, der Legationssekretär Jerusalem, der sich kurze Zeit später erschoß, weil er sich unsterblich in die Frau eines anderen verliebt hatte.

c. Ein Jahr später (1773) war in Goethes Frankfurter Elternhaus eine Maximiliane Laroche zu Gast, und die erste Geschichte wiederholte sich. Das Mädchen ließ sich nicht auf den verliebten Goethe ein, sondern heiratete einen 20 Jahre älteren Kaufmann namens Bentano (literaturhistorisch gesehen sicherlich kein schlechter Griff, da aus dieser Ehe Bettina und Clemens Bentano hervorgingen, zwei wichtige Vertreter der Romantik).

Unter dem Eindruck dieser Ereignisse schrieb Goethe den Briefroman im Jahre 1774 in wenigen Wochen herunter.

Das Büchlein erfüllte nicht die Leseerwartungen der Kritiker. Es stellte in mehrfacher Hinsicht etwas völlig Neues dar.

Eines der wichtigsten Merkmale der Sturm- und Drang-Periode war die Befreiung des Gefühls aus seiner religiösen Gebundenheit, eine Entwicklung, die übrigens durch den Pietismus vorbereitet wurde, der die Vermittlung des Glaubens durch die Institutionen (Kirche) ablehnte und eine christliche Ethik predigte, die mit der Tugendhaftigkeit der Aufklärung viel gemein hat. Diese säkularisierte Inbrunst zeigte aber nun im Werther nicht die Stoßrichtung, die man hätte erwarten können, nämlich die politische (siehe Götz oder Kabale und Liebe), sondern eine rein private, und diese höchst private Gefühlsinnigkeit enthält in zahlreichen Bildern und Anspielungen religiöse Anklänge, die an die pietistische Tradition anknüpfen. So hat etwa der Held des Romans in seinen Briefen keine Scheu, seine Leiden mit der Passionsgeschichte Christi zu vergleichen.

Der entscheidende Bruch mit den Leseerwartungen des Publikums war indes anderer Art: Werther repräsentiert keine bürgerlichen Tugenden wie Tüchtigkeit, Beharrlichkeit, private Rechtschaffenheit und eine antihöfische Gesinnung. Seine Karriere ist im wursch, und sein Tagesablauf entspricht eher dem eines Menschen, der im Wartezimmer sitzt.

Auch sein Widerpart Albert ist nicht der typische Bürgerliche der Aufklärung, sondern der Typ des tüchtigen, redlichen, unpolitischen und bei Hofe beliebten Beamten, der in jedem System seinen Mann stehen würde.

Führt nun die Enttäuschung der Leseerwartungen auch zur Enttäuschung über das Werk selbst?

Damals sicher nicht. Werther war etwas Neues, aber dieses Neue wurde mit Begeisterung aufgenommen. Neu war der absolute Vorrang der Innerlichkeit, also der privatistischen Gefühle. Werthers »Herz« ist das einzige Thema des Romans.

Neu ist auch die völlige Unbedingtheit der Liebe Werthers. Neben der Liebe zu Lotte kennt er keine auch nur annähernd gleichrangigen menschlichen Bindungen. Selbst sein Freund Wilhelm, an den er alle seine Briefe adressiert, und das Fräulein von B. sind neben seiner Herzdame nur Marionetten.

Auch Natur und Literatur, die vordergründig wie ein weiterer Gegenstand Wertherscher Schwärmerei erscheinen, fungieren nur als Spiegel des seelischen Erlebens. Folgerichtig müssen Naturerscheinungen als Metaphern herhalten: »Strom« und »Ausgießen« verweisen auf Werthers und Lottes nicht endenwollende Tränenströme, das sich neigende Jahr und das Untergehen der Sonne kündigten seinen eigenen Untergang an.

Auch Werthers Lektüre ist der Spiegel seiner Empfindungen. Am Anfang bevorzugt er den heiteren Homer, während der Schluß des Romans durch die düsteren Totenklagen des Ossian beherrscht wird.

Der äußersten Ich-Bezogenheit des Helden entspricht auch die Darstellungsform: Hier berichtet kein um Objektivität bemühter Erzähler, sondern es ist der Held selbst, der seine Gemütsbewegungen in Briefen an seinen Freund Wilhelm schildert, und diese Briefe haben oft so wenig Mitteilungswert in bezug auf das Geschehen in der Außenwelt, daß sie eher Selbstgesprächen oder Tagebucheintragungen ähneln.

Der Roman zeitigte nach seinem Erscheinen Wirkungen, die heute nur noch in der Pop-Kultur denkbar wären. Eine Selbstmordwelle ging durchs Land, und parallel dazu wurde eine regelrechte Werther-Mode kreiert: Man parfümierte sich mit Eau de Werther, trug einen blauen Frack mit Messingknöpfen, gelbe Weste und Hosen und braune Stulpenstiefel, dazu einen Filzhut. Wer darüber heute lächelt, mag sich in Erinnerung rufen, was zum Beispiel los war, nachdem Jamens Dean in den Tod gerast war.

3. DIE LEIDEN DES JUNGEN WARTHERS

Der dreihundertachtundfünfzigste Brief

Plemplenzdorf, den 21. Julius 1988

Melanie,
es muß ein Ende nehmen, so oder so. Dich oder keine.
Auch Du mußt Dich entscheiden: Unendliche Liebe oder die seichte Wollust Deines Verlobten.

Morgen abend werde ich das Café aufsuchen, in dem Du nach Feierabend zu sitzen pflegst. Du erkennst mich an einer schwarzen Rose im Knopfloch. Ich komme, Dich zu holen, und wenn Du mich verschmähst, so lege ich noch in derselben Nacht Hand an mich.

Zu allem entschlossen
Dein Warther

Der Herausgeber an den Leser

Wetzlar, den 21. Februar 1990

Als Testamentsvollstrecker habe ich die ehrenvolle und zugleich schmerzvolle Aufgabe, Zeugnis abzulegen von den letzten Stunden des früh, zu früh verblichenen Erblassers Hermann Warther. Der Verstorbene hatte seinen Freund Heinrich testamentarisch zum Alleinerben eingesetzt, freilich mit der Auflage, die in Kopie vorhandenen Briefe an Melanie L. zu veröffentlichen und die Ereignisse nach Abfassung des letzten Schreibens zu dokumentieren. Da der Alleinerbe als Leiter der Sportredaktion einer großen Tageszeitung insbesondere dem zweiten Teil der testamentarischen Auflage nicht gewachsen zu sein vermeinte, hat er sie an mich delegiert, und zwar mit der ebenso einleuchtenden wie schmeichelhaften Begründung, ich sei als Notar weit besser geeignet, eine objektive und dennoch wohlwollende Darstellung der Ereignisse zu liefern.

Nach Einvernahme aller auffindbaren Augenzeugen steht folgender Sachverhalt fest:

Der Erblasser betrat zu dem von ihm angekündigten Zeitpunkt das Café »Herzblatt« in Plemplenzdorf, bemerkte Melanie L. und ihre neben ihr sitzende Freundin Nicole B., zuckte ersichtlich zusammen und ließ sich zögernd an einem in Hörweite entfernten Tisch nieder.

Melanie L. bemerkte ihn sogleich und flüsterte ihrer Freundin zu: »Da sitzt die Knalltüte.« Diese warf einen Blick auf Warther und erwiderte in ungedämpfter Zimmerlautstärke: »Echt ? Ich find'n süß. Überlaß'n mir, ja? Den zieh ich mir heute abend noch durch'n Schritt.«

Warther wurde, nachdem er diese Einlassung gehört hatte, aschfahl, ballte die Fäuste und biß die Zähne in der Weise aufeinander, daß die Kaumuskulatur deutlich hervortrat. Alsdann sprang er auf, ging unverzüglich auf Melanie L. zu und preßte hervor: »Mein Leben liegt in deiner Hand, Melanie. Wie hast du dich entschieden?«

Melanie L. blies ihm den soeben inhalierten Zigarettenqualm ins Gesicht und erwiderte: »Verpiß dich, Alter, du nervst mich ab.«

Warther starrte sie entgeistert an, wandte sich abrupt ab und stürmte im Zustand verminderter Zurechnungsfähigkeit aus dem Lokal, wobei er einige Tische und einen Garderobenständer umriß.

Nur Sekunden später betrat der Verlobte von Melanie L., der Zeuge Maik K., das Café. Sie berichtete ihm kurz von dem Vorfall, worauf er eine drohende Haltung einnahm und nachhaltig mit den Augen rollte, obwohl man ihm ein ums andere Mal versicherte, daß der Verehrer seiner Verlobten längst entflohen war.

Warther verschied noch in derselben Nacht. Der letzte Zug nach Wetzlar trennte sein Haupt vom Rumpf. Der Verstorbene wurde in Plemplenzdorf beigesetzt. Der Erbe und ich, niemand sonst, begleiteten ihn zu seiner letzten Ruhestätte.

JOHANN WOLFGANG GOETHE

Götz von Berlichingen

1. DIE HANDLUNG

Götz, einer der letzten reichsunmittelbaren, also nur dem Kaiser unter-
worfenen Ritter unter dem – ungenannten – Kaiser Maximilian, gerät
zwischen seinem schwäbischen Stammsitz Jagsthausen und dem angren-
zenden fränkischen Gebiet in »Händel« mit dem Bischof von Bamberg.

Die vielgestaltige und zum Teil verworrene Handlung des Stücks lebt
aus dem Konflikt zwischen dem freien Ritterstand und der aufkommenden höfischen Gesellschaftsordnung. Verkörpert wird dieser Gegensatz
durch Götz auf der einen und Weislingen auf der anderen Seite. Letzterer
ist, obwohl als Ritter geboren, in die Chefetage der Bamberger Bürokratie
aufgestiegen.

Weislingen hält sich, und damit setzt die Geschichte ein, als Gefangener
auf Götz' Burg auf, versöhnt sich mit seinem Jugendfreund und verlobt
sich mit dessen Schwester Maria.

Nach Bamberg zurückgekehrt, läßt er sich jedoch von der schönen
Adelheid betören und kehrt nicht wieder zum Burgfräulein und dem ver-
hinderten Schwager zurück. Dieser Doppelschlag ist natürlich eine solide
Grundlage für eine Todfeindschaft.

Und schon beginnen die Scharmützel. Nach dem Willen des Kaisers soll
Götz zunächst »Urfehde« schwören, also aller Gewalt entsagen; dann aber
wird die Reichsacht über ihn verhängt, und die Bamberger schicken sogar
ein Exekutionsheer los, das Götz' Burg Jagsthausen belagert.

Nachdem Götz gefaßt, in Heilbronn inhaftiert und vom Ritter Sickin-
gen rausgehauen worden ist, läßt er sich widerwillig zum Führer der auf-
ständischen Bauern ernennen, die sich jedoch schon kurz danach von ihm
lossagen, als er ihre Exzesse zu stoppen versucht.

Schließlich wird er zum wiederholten Male gefangengenommen und
stirbt unversöhnt und mit ungestilltem Freiheitsdurst im Gefängnis.

Weislingen ergeht es nicht besser: Die schöne Adelheid vergiftet ihn, um für einen vielversprechenden jungen Mann frei zu sein: Karl V., den künftigen Kaiser. Immerhin, daraus wird nichts. Die »Richter des heimlichen Gerichts« verurteilen Adelheid zum Tode.

2. DEUTUNG UND KRITIK

Von seiner Form und Struktur her genießt das Stück eine Ausnahmestellung.

Die Dialoge könnten einem altertümlichen Drehbuch entstammen. Sie enthalten weder Versmaß noch Reime, und die Mehrzahl der auftretenden Personen spricht nicht die Hochsprache, sondern ein kräftiges, mundartlich gefärbtes Idiom, das an Martin Luther und Hans Sachs erinnert.

Vorbild für die Struktur des Stücks ist das Shakespearsche Drama und nicht etwa die französische Tragödie. Die schon von Lessing modifizierte Lehre von der Einheit des Orts, der Zeit und der Handlung wird vollends aufgegeben. Ein unübersichtliches Getümmel von Helden, Schurken und Statisten tummelt sich an unterschiedlichen Schauplätzen und bestimmt komplexe Handlungsabläufe in einem sich über Jahre erstreckenden Geschehen.

Goethe sah mehr als fünfzig Jahre später selbst ein, daß das Drama »als Theaterstück nicht recht gehen« konnte. Dazu fehlt dem Stück der tragische Konflikt.

Wie erklärt sich seine ungebrochene Popularität? An dem berühmten Götz-Zitat allein kann es nicht liegen (»Vor Ihro Kaiserliche Majestät hab ich, wie immer, schuldigen Respekt. Er aber, sag's ihm, er kann mich im Arsch lecken.«). Es ist sein ganzes Naturell, das ihm – unverdient, wir kommen noch drauf – zum Sympathieträger macht. Er redet wie er handelt, und umgekehrt: Kräftig, kernig, gradheraus, ohne Falsch, stur und ohne jeden Selbstzweifel. Er sprüht Zorn nach oben und strahlt zur Seite hin Harmonie aus. Tja, mit alldem kann man in Deutschland Identifikationsfigur werden.

Durch die Dramen des Sturm und Drang zieht sich wie ein roter Faden der Konflikt zwischen bürgerlicher Familie und höfischer Welt. Goethes entscheidender Fehler, der das Schauspiel für viele klar denkende Menschen ungenießbar macht, besteht nun darin, daß er gegen die Repräsentanten höfischer Niedertracht nicht einen bürgerlichen Helden beliebigen Geschlechts in den Ring schickt, sondern den Repräsentanten einer untergehenden Epoche, nämlich einen Ritter, genauer gesagt: einen Raubritter. Daß Götz ein Vertreter dieser für das ausgehende Mittelalter typischen Verbrechergruppe war, wird bei Goethe nicht einmal geleugnet. »Es kommen nun bald Kaufleute von Bamberg und Nürnberg aus der Frankfurter Messe«, sagt Götz, und »wir werden einen guten Fang tun.« Im nächsten Aufzug fleht eines der Opfer den Kaiser »um Hilfe, um Beistand« an und berichtet, er sei mit dreißig Leidensgenossen von Götz und seinem Komplizen Selbitz auf der Rückkehr von der Messe »niedergeworfen und beraubt« worden. Man fragt sich, was staunenswerter ist: Die treuherzige Selbstverständlichkeit, mit der Götz hier – womöglich noch unter Berufung auf sein »gutes Recht« – den Festland-Piraten mimt, oder die hirnlose Zustimmung des heutigen Publikums, das diese Sorte von Kriminalität mit dem »Zeitgeist« rechtfertigt, bzw. des Sturm-und-Drang-Publikums, dem man einen Raubritter als idealen Helden verkaufen konnte.

Der Schrei nach Freiheit hallt durch das gesamte Drama. Sehr schön. Wer möchte der Freiheitssehnsucht schon seine freudige Zustimmung versagen? Aber wessen Freiheit ist das, die hier heroisiert wird?

Gewiß war für den jungen Goethe der Absolutismus ein überholtes, ja schon anachronistisches Herrschaftssystem, sodaß es auf den ersten Blick schlüssig erscheint, wenn er eine Figur zum Helden aufbaut, die sich dem (zu Beginn der Neuzeit erst aufblühenden) Absolutismus entgegenstemmt; er vertuscht damit aber zugleich, daß der von Götz vertretene »gemütliche« Feudalismus noch rückständiger und barbarischer ist.

Götz' primitives Naturrecht, wonach er nur Gott und dem Kaiser unterworfen ist, die ihm erfreulicherweise beide keine Vorschriften machen, wird romantisch verklärt; auf der anderen Seite muß natürlich das im Vordringen begriffene geschriebene Recht verteufelt werden, obwohl es einen unbestreitbaren Fortschritt in Form von Rechtssicherheit und Rechtseinheit geliefert hat.

Die Repräsentanten des Ritterstandes sind allesamt aufrecht, ehrlich, tatkräftig und gutherzig. Sogar ihre Beschränktheit wird noch zur Tugend. Dagegen Weislingen und die anderen Repräsentanten der fürstlich-klerikalen Macht: verschlagen, intrigant, verräterisch und bestenfalls wankelmütig. Die Ritterchen leben im allerherzlichsten Einvernehmen mit ihren Untertanen, während Fürsten und Bischöfe das Volk knechten.

Welch ein Lore-Roman vom Feudalismus wird hier den Schülern zugemutet? Die Bereitschaft, sich an den zehn Geboten zu orientieren, war unter den Rittern ebensowenig vorhanden wie bei den Bischöfen, und aus der Fronbauernperspektive machte es wahrhaftig keinen Unterschied, ob man dem Ritter oder dem Fürsten diente. Fürsten und Bischöfe gewährleisteten aber eine effektive Zentralgewalt (wenn auch in Deutschland noch im Rahmen kleiner Territorien), die unbestreitbare ökonomische und kulturelle Fortschritte brachte.

Götz als Vertreter einer kleinen, aussterbenden Gruppe steht gerade deshalb auf verlorenem Posten, weil er sich gegen die geschichtliche Entwicklung stemmt, aber sollen wir ihn deshalb, auch wenn wir alle Idealisierungsbemühungen Goethes nachvollziehen, bedauern?

GÖTZ
MODERNES TRAUERSPIEL AUS DEM EVANGELISCHEN KINDERGARTEN VON BERLICHINGEN

Personen:

Götz
Maik Weislingen
Philipp   } Kindergartenkinder
Florian
Adelheid

Frau Liebetraut
Frl. Maria   } Erzieherinnen

Götz' Vater

Florian.   Frau Liebetraut, mei Gummibärle sind weg!

Liebetraut.   Da muscht halt genou in dei Fächle nachluege.

Florian.   Aber do sind sie nedde!

Philipp.   Maria, wo isch mei Tischört? I werd gleich abg'holt, und i brauch ...

Maria.   Was hasch für e Tischörtle, Philipp?

Philipp.   A rodes von Lakoscht. Hier, an däm Hake wars. I war nur Pipi mache.

Liebetraut   (*zu Maria*). Wenn d'Kerle so ordentlich wäret wie däne Mädle, hättet m'r koi Probläme.

Maria.   Ha noi, aber jetzetle isch des ebbes andres. I han ou g'säh, wie d'r Florian ebe noch sei Tütle mit dene Gummibärle in sei Fächle g'tan hat.

Liebetraut.   Moisch, m'r hent a Dieb onder däne Büble?

Maria.   Schoo möglich. Viele Eldern sind Geschäftsleit oder Lährer, woisch?

Liebetraut.	Hasch recht. Und Jurischte. S'kann ooaagnähm werde, wenn m'r oin erwischet.
Maik Weislingen	(*leise und verlegen*). Frau Liebetraut, i muß dir ebbes sage.
Liebetraut.	Was isch, Maik?
Maik Weislingen.	D'r Götz hat onder sei Pullover das Tischörtle vom Philipp. I habs genou gsäh! Aber verrat mi nedde!
Liebetraut.	Isch wahr? Götzle, kommsch emol her?
Götz	(*Gummibärchen mampfend*). Warum?
Maria.	Götzle, was kausch da?
Götz.	Gummibärle vom Florian.
Maria.	Götz, schäm dich! Die darfsch ihm doch net wegnähme!
Götz	(*mampfend*). Warum net?
Liebetraut.	Götz, jetz isch genug. Komm här, gibsch Tütele und zieh's Tischörtle vom Philipp aus.
Götz.	I will erscht wisse, wär mich verpetscht hat.
Adelheid.	Der Maik wars!
Maik Weislingen.	Du bisch gemein! I denk, du bisch mei Freundin!
Adelheid.	Noi, bin i net mähr! Du hasch Götz verrrade! I go jetz mit em andern, ätsch!
Liebetraut.	Adelheid, bisch ruhig!
Götz.	Verräter!
Liebetraut.	Götz, koi Wort mähr. Här mit dem Kruscht!
Götz	(*springt auf einen Stuhl und klettert auf den großen Kleiderschrank; von oben*). I gebs net her. Alles mois.

Maria   (*zunehmend verstört*). Götz, warum hasch gestohle?

Götz.   Weil freiwillig hättet sie's mir net gäbe!

Liebetraut.   Götz, du bisch an Dieb, auf frischer Tat, äh, wie soll i sage, also mir rufet jetzetle d'r Kichevorstand aa und dei Eldern. Solle die entscheide. I gloub, du bisch untragbar. (*Ab zum Telefon.*)

Götz   (*plötzlich hochdeutsch deklamierend*). Ich bin ein freier Mann und nehme mir, was ich will. Wenn ihr mich kriegen wollt, holt mich. Dann stürz ich mich kopfüber hinunter!

Maria.   Götz, sei vernünftig!
(*Frau Liebetraut kehrt zurück.*)

Götz.   Ich gehorche nur dem Bundespräsidenten. Und ihr blöden Kindergartentanten könnt mich im Arsch lecken.
(*Entsetztes Tuscheln unter den Kindern.*)

Maria   (*zu Liebetraut*). Moisch, er isch zu früh entwöhnt?

Liebetraut.   Ha noi, der isch frühreif.

Maria.   Schwätze kann er jedefalls.
(*Götz' Vater erscheint, grüßt die Damen flüchtig, greift seinen brüllenden Sohn wortlos vom Schrank und schleppt ihn hinaus.*)

Liebetraut.   Nur Charakter hat er koin.

Götz   (*aus dem Hintergrund*). FREIHEIT!

Maria.   Früher wär so oiner Raubritter g'worde.

Liebetraut.   Merk dirs Gesichtle. Den sähet m'r oines Tages im Fernsähn wieder. Als Ondernähmer oder Poliddiger.
(*Vorhang.*)

GOTTHOLD EPHRAIM LESSING

Nathan der Weise

1. HANDLUNG

Nathan, ein reicher jüdischer Kaufmann, dessen Frau und sieben Söhne einem christlichen Progrom zum Opfer gefallen sind, hat das Waisenkind Recha als Pflegetochter aufgenommen.

Eines Tages – Recha ist mittlerweile im heiratsfähigen Alter und Nathan gerade auf Geschäftsreise – fackelt jemand sein Haus ab. Recha wird von einem jungen Tempelherrn gerettet, der eben aus der Gefangenschaft des Sultans Saladin entlassen worden ist. Der hatte ihn entgegen seiner Gewohnheit nicht hinrichten lassen, weil er Ähnlichkeit mit seinem toten Bruder hatte. Während es zwischen Recha und dem Tempelherrn zum ersten interreligiösen Flirt kommt, sucht Saladin das Gespräch mit Nathan. Nathan, vorgewarnt durch seinen flippigen Freund Al Hafi, vermutet zu Recht, daß der Sultan ihn anpumpen will. Aber Saladin wirft aus taktischen Gründen eine ganz andere Frage auf, nämlich die, welche der drei Religionen (Judentum, Christentum, Islam) »die Wahre« sei.

Nathan will nicht ins Fettnäpfchen treten und erzählt die berühmte Ringparabel:

In einer Dynastie wird ein Zauberring stets vom Vater auf den Lieblingssohn weitervererbt, um auf diese Weise schließlich bei einem König zu landen, dem alle drei Söhne gleich lieb sind. In seiner Not fertigt er zwei perfekte Duplikate. Die drei Söhne kriegen sich nach seinem Tode natürlich in die Wolle, weil jeder glaubt, er habe den echten Ring, dessen Zauberkraft darin besteht, »beliebt zu machen, vor Gott und Menschen angenehm«. Der Richter verweigert die Entscheidung, gibt aber den Hinweis, daß jeder der drei Söhne Gelegenheit habe, die Echtheit seines Rings durch praktizierte Menschlichkeit zu erweisen.

Saladin begreift. Nathan und er werden Freunde.

Mittlerweile will der Tempelherr die schöne Recha heiraten. Klappt aber nicht, denn nach einigem hin und her stellt sich heraus, daß beide Geschwister sind. Und damit nicht genug: Sultan Saladin ist auch noch ihr Onkel. Als einziger, der nicht der Krypto-Großfamilie angehört, wird Nathan sozusagen als Seelenverwandter in den Clan aufgenommen. Und alle umarmen sich unter Tränen der Rührung.

2. DEUTUNG UND KRITIK

Thema des Dramas sind Toleranz und aufgeklärter Humanismus als Ausweg aus dem Absolutheitsanspruch der drei Weltreligionen.

Folgerichtig spielt das Stück in Jerusalem zur Zeit der Kreuzzüge. Judentum, Christentum und Islam prallen hier aufeinander.

Jeder, der nach der Schulzeit die Erinnerungsreste des Deutschunterrichts zusammenzukramen versucht, wird auf die Assoziationskette »Lessing-Ringparabel-Religiöse Toleranz-Aufklärung« stoßen. Manche werden sich auch noch des Umarmungsfestes am Ende des Dramas erinnern, mit dem auch dem Schüler bzw. Theaterbesucher aus der letzten Reihe so sinnfällig klargemacht wird, daß wir, egal woran wir glauben, »irgendwo eine große Familie« sind.

Dabei geraten nicht nur Al Hafi als Aussteiger und der Patriarch von Jerusalem als Fundamentalist in den Hintergrund, sondern auch alle religiösen und philosophischen Traditionen, die nicht für sich in Anspruch nehmen, an der Offenbarung eines einzigen Gottes teilzuhaben.

Hier zeigt sich Lessings verborgene Tragik:

Auf der einen Seite tritt er für eine vorurteilsfreie Menschlichkeit ein und wird durch seinen Königsgedanken, daß sich die Tauglichkeit einer Religion durch praktische Bewährung erweisen muß, zu einem der Vorläufer des Kritischen Rationalismus.

Auf der anderen Seite schränkt er aber die religiöse Toleranz insofern ein, als er sie den drei Wüstenreligionen Judentum, Christentum und Islam vorbehält, also den drei monotheistischen Offenbarungsreligionen. Für all diejenigen, die trotz einer gewissen religiösen »Musikalität« das Gefühl nicht loswerden, unter einem leeren Himmel zu leben, ist in Lessings Familie kein Platz.

Ist diese Kritik unhistorisch insofern, als sie den Bewußtseinsstand der Epoche ignoriert, in der Lessing wirkte? Wird Lessing mit dieser Kritik überfordert? Keineswegs. Es gab Vertreter der Aufklärung und auch Exponenten geistiger Überlieferungen, auf deren Schultern die Aufklärung steht, die einen umfassenderen Toleranzbegriff hatten. In Lessings exklusivem Club war dagegen nicht einmal für die sogenannten Deisten Platz, die Angehörigen einer im 18. Jahrhundert einflußreichen Bewegung, die Gott nur als erste Ursache der Welt anerkennen wollte und meinte, daß auf der Welt nur die von Gott unbeeinflußten Kräfte der Natur walteten.

Ist die Kritik deshalb ungerecht, weil ein Historiendrama als Parabel vereinfachen muß? Gebot nicht sogar die Struktur des Stückes, die Ausweitung der religiösen Toleranz auf die drei Religionen zu beschränken, die zur Zeit der Kreuzzüge relevant waren? Letzteres schon, doch beide Fragen sind vordergründig, denn die Auswahl des Stoffs und des historischen Ambiente ist ja schon das Ergebnis eines arg geschrumpften Toleranzverständnisses. Sonst hätte es nahegelegen, sich durch ein zeitgenössisches Drama der Vielfalt der Weltreligionen, ihrer Verästelungen und ihrer Kritiker zu stellen, wie sie zur Zeit Lessings bestand.

Gegen den Nathan läßt sich weiter einwenden, daß Lessing die Religionen eindimensional betrachtet. Er stellt allein auf die Sozialethik ab, also auf die Gabe des Rings, »vor Gott und Menschen angenehm zu machen«.

Auch ist die Familienmetapher einigermaßen halbherzig: Zu einem Wettstreit der Weltreligionen sollte auch die Möglichkeit gehören, daß sie sich wechselseitig befruchten, also voneinander lernen. Aber Recha und der Tempelherr können nicht heiraten. Sie sind Geschwister, und interreligiöse Blutschande findet bei Lessing nicht statt.

Die Geschwisterschaft weist nur auf eine bereits vorhandene Bindung und Abstammung hin, und auch insofern ist das Bild schief, denn die Eltern von Recha (*Judentum*) und dem Tempelherrn (*Christentum*) sind der Mohammedaner Assam und seine ungenannt gebliebene deutschen Frau. Nimmt man das ernst, steht die Religionsgeschichte auf dem Kopf.

Bei aller Kritik sollte jedoch nicht vergessen werden, daß eine geschrumpfte Toleranz immer noch besser ist als gar keine, daß Lessing der praktischen Humanität den gebührenden Stellenwert gibt und nebenbei auch die verschüttete Tradition des Dialogs als Mittel der Wahrheitsfindung wiederbelebt.

Das ist schon eine ganze Menge und sicherlich genug, um Lessing gegen Angriffe wie diesen in Schutz zu nehmen:

»Und Lessing mit seiner umständlichen Ringparabel im Nathan? Die Toleranz wird auf die Fälschung gegründet, kein Ring ist echt, keine Wahrheit wahr.«

Diese Bemerkung stammt von dem konservativen Publizisten Johannes Gross. Schön knapp immerhin. Ein Literaturwissenschaftler hätte dafür mindestens 20 Seiten gebraucht. Aber die jeweilige Unsinnsmenge läßt sich durch Knappheit nicht verringern:

Die Parabel ist alles andere als umständlich. Die Toleranz ist nicht auf Fälschung gegründet, sondern entzündet sich an der Ungewißheit darüber, was echt und was imitiert ist. Und schließlich kommt es nicht auf die dogmatische Wahrheit an, sondern auf die Fähigkeit der Umsetzung der Offenbarung in praktische Menschlichkeit.

Über Lessing und seine Kritiker hinaus stellt sich hier die Frage, ob der Versuch der Verwirklichung der christlichen Offenbarung, etwa in der Form der Feindesliebe, nicht ein größeres Bemühen erfordert als der Versuch der Realisierung der anderen Offenbarungen im Diesseits. Ist die Ethik der Bergpredigt eine Überforderung des Menschen und hindert diese Überforderung die Bewährung der christlichen Moral?

Manche Dramen verdanken ihren Platz in der Weltliteratur nicht den Antworten, die sie geben, sondern den Fragen, die sich aus ihnen ergeben.

3. AUSSER KONKURRENZ

Dritter Aufzug, siebenter Auftritt, Alternativentwurf

Nathan. Der echte Ring, so fuhr der Richter fort,
vermutlich ging verloren,
doch weiß ich' nicht –
und letztlich ist es gleich,
doch strebe von Euch jeder um die Wette ...

Hofnarr (*springt hinter einem Diwan hervor*).
Ich bin des Märchenkönigs vierter Sohn
und hätte auch gern einen Ring!

Nathan (*erbleicht*). So sagt mir, Sultan,
wer ist dieser Mensch?

Saladin. Ein Hofnarr nur aus Griechenland.
Er liebt es sehr, hereinzuplatzen
in philosophische Gespräche.
doch wenn er Euch zu sehr verdrießt,
kann ich ihn recht gern töten lassen.

Nathan. Bewahre!

Hofnarr. Dank Euch, toleranter Jude.
Doch sagt mir gradheraus, erlauchte Geister:
Wo bleibt das Ringlein für den Bastard?

Saladin (*launig*).
Für welche Religion steht denn der Hanswurst hier?

Hofnarr. Für keine! Heidentum und Atheismus!
Sollen denn drei Religionen nur
ohn' Konkurrenz sich die Medaillen teilen?

Nathan. Mir schwant, der Narr hat nicht begriffen
daß nur des einen Gottes Offenbarung
die Menschlichkeit im Menschen stiften kann!

Saladin. Ganz recht!

Hofnarr. So bleib ich denn ein schmutziger Barbar,
der außer Konkurrenz Euch Gläubige besiegt
denn wenn nun der Verzicht, einander hinzuschlachten,
nur der Gefolgschaft dreier Religionen gilt,
seid Ihr vor Gott und Menschen nicht so angenehm
wie Ihr vermeint ...

Saladin. Es reicht, hast Du noch was
zu sagen, eh' die Folterknechte kommen?

Hofnarr. Verzeiht, ich will auch wieder ulkig sein
wie Ihr, mein Sultan, losgelöst von aller Religion
mir gnädig seid, doch würd ich gern noch wissen
wieso die Echtheit Eures Zauberringes
sich zeigen soll im Drang, dem anderen gut zu sein,
statt in der Fähigkeit, das Paradies vorauszuahnen.

Nathan. Er will den Keim der Zwietracht, Sultan, in uns säen!

Saladin. So schweige, Krämer! Unser Paradies
ist wahr – und um dort hinzukommen
gilt es, die Christen auszurotten
und auch die Juden ...

Nathan. Genug jetzt, Goj!
Du wirst noch in der Hölle braten,
vereint mit jenem Tempelherrn, dem Ketzer!

Hofnarr. Hätt ich damit doch bloß nicht angefangen!

FRIEDRICH SCHILLER

Die Räuber

1. HANDLUNG

Maximilian von Moor, ein Graf im Fränkischen, hat zwei Söhne, Karl und Franz.

Karl ist der Typ des gutaussehenden, intelligenten und großherzigen Draufgängers. Dem nachgeborenen Bruder dagegen – Franz heißt die Kanaille – hat einer in den Genpool gespuckt: Er ist häßlich, durchtrieben und fies.

Der Konflikt beginnt mit einer typisch Schillerschen Intrige: Karl hat an den alten Moor einen Brief geschrieben, in dem er sich rückhaltlos dazu bekennt, als Student in Leipzig zum Aufreißer und Zocker verkommen zu sein. Diesen Brief ersetzt Franz, bevor ihn der Vater zu sehen bekommt, durch eine verschärfte Fassung, die er als Bericht eines Gewährsmanns ausgibt. In diesem Bericht wird Karl als gewissenloser Schwerverbrecher hingestellt. Der alte Moor, völlig fertig, läßt sich auf Franz' Bitte ein, für ihn eine betroffene, aber doch verzeihende Antwort zu verfassen, und Franz nimmt natürlich die Gelegenheit wahr, den ungeliebten Bruder im Namen des Vaters mitleidlos zu verfluchen und zu verstoßen.

Auch Karl fällt auf den Schwindel herein. Mittellos und verbittert läßt er sich von anderen studentischen Desperados zum Räuberhauptmann küren und zieht mit ihnen in die böhmischen Wälder. Sein Vater und dessen vermeintlicher Verrat werden zum Symbol für die Verkommenheit der Herrschenden, an denen er nun nach dem typischen Robin-Hood-Muster Rache übt. Doch zum Revolutionär fehlt ihm die Skrupellosigkeit. Nachdem er, um in letzter Minute einen Komplizen vor dem Galgen zu retten, eine ganze Stadt eingeäschert hat, erstickt er schier unter seinen Schuldgefühlen. Das dreifache Heimweh nach der verlorenen Unschuld, der glücklichen Kindheit im väterlichen Schloß und seiner geliebten Amalia treibt ihn schließlich dazu, sich in der »Larve« eines ausländischen Offiziers zu Hause einzufinden.

Dort waltet der Horror: Franz hat mit beträchtlicher krimineller Energie die Macht an sich gerissen. Sein Plan, dem kranken Vater durch die fingierte Nachricht vom Söldnertod Karls den Rest zu geben, war nur halbwegs aufgegangen, so daß er nachgeholfen und den Alten im Zustand des Scheintodes begraben hatte. Daß sein Handlanger Skrupel bekommt und sowohl den Seniorgrafen in der Ruinengruft heimlich am Leben erhält wie auch Amalia steckt, daß Karl und ihr Onkel noch leben, ahnt Franz nicht. Er ist damit beschäftigt, Amalia nachzustellen, die ihn unerschütterlich abblitzen läßt. Immerhin reicht sein Durchblick noch aus, den verkleideten Bruder wiederzuerkennen. Er befiehlt einem Domestiken, ihn zu ermorden. Karl dagegen neigt dazu, die Sache umgekehrt zu gestalten, nachdem der Vater aus dem Hungerturm befreit worden ist. Alles klar zum Höhepunkt:

Franz, halb wahnsinnig vor Gewissensqualen und Todesangst, leugnet bis zum Schluß standhaft die Möglichkeit der göttlichen Vergebung und erdrosselt sich, als Karls Häscher kommen, ihn zu holen. Der greise Vater gibt, so wörtlich, seinen Geist auf, als Karl sich ihm als Räuberhauptmann zu erkennen gibt.

Amalia jedoch – zwar schockiert – läßt sich nicht abschrecken und bekennt sich weiterhin zu Karl. Und Karl zu Amalia. Die Räuber stehen dumm da. Aber nicht lange. Ruppig erinnern sie daran, daß ihres Hauptmanns drohende Entfernung von der Truppe Meineid und Treubruch seinen einstigen Lebensretter gegenüber bedeutet. Karl fühlt sich daraufhin tatsächlich an seinen Schwur gebunden und fügt sich in sein Schicksal. Amalia nicht; sie bittet als endgültig Verlassene um den Tod. Karl ersticht sie nach einigem Zaudern, bevor ihm ein anderer zuvorkommt. Unter dem Eindruck dieser Tat sagt er sich von den Kumpanen los. Den Schlußstrich unter seine Vergangenheit will er mit einem sozialen Akt besiegeln: Die Belohnung, die auf seinen Kopf ausgesetzt ist, wird er einen armen Tagelöhner mit »elf lebendigen Kinder« gewinnen lassen.

2. DEUTUNG UND KRITIK

Nicht ohne Grund tauchen die »Räuber« noch heute auf den Spielplänen der Bühnen auf. Da ist nicht nur die zum Bruderkonflikt verschmolzene Doppelhandlung, die dem Drama Spannung und Tempo verleiht, sondern auch die Einfachheit und Nachvollziehbarkeit der Schillerschen Weltsicht – vor allem aber die geniale Kraft der Sprache.

Die Wissenschaft hat ihre liebe Not mit der literaturgeschichtlichen Zuordnung des Dramas. Wenn ein Stück für die Kategorie-Schubladen eines Germanistik-Professors zu groß und zu sperrig ist, wird es meist mit schicken Paradoxien geschmeidig gemacht. Bezeichnend hierfür ist etwa der Satz, die Räuber seien »die Erfüllung und zugleich die Überwindung des Sturm und Drang« (Otto Mann).

Immerhin kann dieser professorale Hirnschwurbel das Interesse an Schillers Drama noch verstärken. Schauen wir uns die Sache näher an. Als das Stück erschien, also im Jahre 1781, war der Sturm und Drang schon im Abklingen. Was in den achtziger Jahren kam, waren Nachzügler, zu denen man übrigens auch »Kabale und Liebe«, wenn auch mit Bedenken, noch zählen darf.

Aber sind die »Räuber« nun eine unverfälschte Verwirklichung des Sturm-und-Drang-Stils und seiner Inhalte? Genauer: Tummelt sich hier das bürgerliche Individuum mit seinem unerschöpflichen Potential an verweltlichten Gefühlen? Vordergründig ja. Schillers Helden sprechen eine starke Prosa und kümmern sich einen Dreck um Versmaß und Reime. Sprache und Gestik sind leidenschaftlich. Die Handelnden stampfen »schäumend auf die Erde«, werfen sich »wild in einen Sessel«, laufen »wütend auf und nieder« und so weiter. Sprache und Handlung werden durch wilde Leidenschaften vorangetrieben.

Typisch am Sturm und Drang ist auch der Tatendrang der Helden, die Überwindung moralischer Barrieren und ihr zum Teil ins Politische gewendeter Haß. Der übrigens war Schiller selbst auch nicht ganz fremd, denn immerhin mußte er nach dem Erscheinen des Dramas vor dem vergrätzten Herzog Karl-Eugen, der ihm buchstäblich das Dichten verbieten wollte, nach Mannheim fliehen.

Wer genauer hinsieht, entdeckt gedankliche Elemente, die dem Sturm und Drang völlig fremd sind.

In Gedanken und Taten von Karl und Franz Moor zeigt Schiller nicht das unbeschränkte Eigenrecht der Persönlichkeit, sondern die »sittliche Weltordnung«, die sich über ihnen wölbt und in der beide zugrunde gehen. Karl und Franz sind auch nicht etwa zufällige Individuen, sondern jeweils Verkörperung eines Prinzips. Franz ist die Inkarnation des Gegenmodells zu der von ihm geleugneten göttlichen Ordnung, während Karl für den hochmütigen Empörer steht, der das Scheitern des göttlichen Schöpfungsplans befürchtet und sich selbst als seinen Vollstrecker sieht.

Auch die Sprache ist nicht in erster Linie vom Gefühl beherrscht, sondern vom Verstand. Andernfalls wäre das Schillersche Pathos ungenießbar.

Analysiert man diese Elemente, so zeigt sich, daß das Drama drei geistesgeschichtliche Wurzeln hat:

1. Das Typen-Welttheater des Barock (der Böse, der Empörer mit dem guten Kern und Gott als oberster Richter)
2. Die Gefühlsbetontheit und das antiabsolutistische Pathos (»in tirannos«) des Sturm und Drang
3. Der Erkenntniswille der Aufklärung.

Nur durch das Zusammenspiel dieser unterschiedlichen Einflüsse konnte Schiller eine Figur wie Franz Moor entwerfen und in den Griff bekommen, einen Typen, der durch seine Häßlichkeit und seine Bösartigkeit, aber auch durch seinen Ausschluß von der Erbfolge (als Zweitgeborener) allen Grund hat, »über die Natur ungehalten« zu sein. Franz Moor ist der erste Atheist der modernen Literatur. Er leugnet Gott, mehr noch: Er leugnet auch das Verpflichtende der christlichen Moral und das Gewissen. Er stirbt unversöhnt. Auch die eindringlichen Hinweise des Pfarrers Moser auf die Einsamkeit des bevorstehenden Todes führen nur zu dem Versuch eines Gebetes, das sich in Satire verwandelt: »Ich bin kein gemeiner Mörder gewesen, mein Herrgott – hab' mich nie mit Kleinigkeiten abgegeben, mein Herrgott«. Und dann gibt er seinen halbherzigen Versuch auf und erdrosselt sich.

Auch sein Bruder Karl scheitert, wenngleich ihm immerhin die Erlösung im christlichen Sinne winkt. Halb erstickt an der Scham über den von ihm verschuldeten Tod von Kindern, Frauen und Greisen, schließlich auch über den Tod seines Vaters und seiner Geliebten Amalia, die ihrerseits ein Sinnbild der Treue und Standhaftigkeit ist, beschließt er, sich als Selbstopfer darzubringen, das heißt sich auszuliefern, um »die mißhandelte Ordnung (zu) heilen«.

Trotz des geradezu Shakespearschen Leichenhaufens in der Schlußszene bleibt für den, der Schillers religiöse Überzeugung zu teilen vermag, am Ende Hoffnung: Karls verzweifeltes »ich habe keinen Vater mehr« ist der Erkenntnis gewichen, daß sein Vater ihn nicht verraten hat, und damit ist zugleich und parallel dazu auf einer höheren Ebene der Zweifel an der göttlichen Allmacht geschwunden.

Schiller präsentiert einen gebrochenen Helden und seinen Antagonisten. Die Sympathie des Dichters für den gescheiterten Karl wird dabei ebenso deutlich sichtbar wie die Vertrautheit mit dem Atheismus des Antihelden. Ob es darauf ankommt, versöhnt zu sterben oder unversöhnt, läßt er offen.

Ein christliches Rührstück? Sicherlich nicht, denn der Riß in der sittlichen Weltordnung wird am Ende nur notdürftig gekittet. Man ahnt, daß der Schluß des Dramas Schillers Tribut an die Zeit war, die sich mit der Assimilierung des Stücks ohne Karl Moors Selbstopfer noch schwerer getan hätte. Denn auch mit dem versöhnlichen Schluß mündete die Uraufführung in einen beispiellosen Tumult.

3. DIE NEUEN RÄUBER
– Letzte Szene –

Schauplatz: Sparsam möblierte Hochhauswohnung.

Moor   (*läßt sich erschöpft auf einen Sessel vor dem Fenster fallen*). Hier bleib ich liegen. Meine Zunge ist trocken wie eine Scherbe. Ich wollt euch bitten, mir ein Glas Bier zu holen, aber ...

Spiegelberg. Der Kasten ist leer.

Moor.   Dabei strotzt der Hopfen. Seht nur, da beginnen die Felder. Und wie schön die Gerste steht!

Grimm.   Dein kleinbürgerlicher Ästhetizismus macht den Durst erst schön.

Moor   (*verträumt*). Die Kirschen! Rot und glänzend wie die Zukunft!

Grimm.   Ja ja. Und die Amseln, die sie wegpicken. Schwarz wie die Konterrevolution. Laß den Scheiß.

Moor.   Warum mußten wir die Bank gerade hier in Raffhausen überfallen? Es gibt viele Banken, allüberall. Mit unbekannten Opfern ist es leichter.

Schweizer.   Mach dir keine Vorwürfe. Warum hat sie denn nicht aufgehört zu telefonieren? War laut genug, als ich »Hände hoch« schrie.

Moor.   Es war immerhin meine Frau, auch wenn ich sie drei Jahre nicht gesehen habe.

Schweizer.   Das konntest du doch von hinten nicht sehen.

Spiegelberg. Selbst schuld, wenn sie sich die Haare rot färben läßt.

Moor   (*wie in Trance*). Da hinten ist der Stadtpark. Da habe ich sie zum ersten Mal geküßt. Nach Milch und Honig schmeckte sie.

Roller. Wir müssen den antiimperialistischen Kampf in die Metropolen tragen. Da helfen uns deine Bumsgeschichten nicht weiter.

Schweizer. Gönn ihm seine Erinnerungen, Roller. Das ist so ziemlich das einzige, was wir noch nicht mit Blut bespritzt haben.

Moor (*abwesend*). Mein Elternhaus. Die grüne Villa da links in dem großen Garten. Mutti wohnt da heute noch.

Roller (*steht auf und guckt gleichfalls aus dem Fenster*). Schönes Anwesen. Warst ja ein richtiger Sahneprinz der Bourgeoisie.

Grimm. Welcher Revolutionär war das nicht?

Spiegelberg (*im Hintergrund eine Pistole putzend*). Wir hätten ein anderes Versteck nehmen sollen.

Moor. Meine Teddybären, Schulranzen aus brüchigem Leder, weiße Schokolade, die ersten Micky-Maus-Hefte ... und diese Unschuld. Wenn ich doch zurückkehren dürfte in den Mutterleib. (*Bricht in Tränen aus.*)

Grimm. Motherfucker.

Schweizer (*legt ihm die Hand auf die Schulter*). Faß dich, Moor.

Spiegelberg. Ich sag's ja, wir hätten dieses Kaff meiden sollen. Er flennt, der gefürchtete Killer.

Moor (*laut*). Merkt ihr nichts? Wir sind Ungeheuer auf dieser herrlichen Erde.

Roller (*schreiend*). Herrliche Erde? Das von dir? Hast du keinen Blick mehr für die Ausbeutung und Versklavung der dritten Welt durch das internationale Großkapital, für die Unterdrückung des Proletariats durch das Schweine-Regime, das uns verfolgt?

Moor (*steht auf, mit flackerndem Blick*). Genossen, wir sind schon jetzt schlimmer als die. Wie werden wir uns erst aufführen, wenn wir gewinnen?

Grimm.   Mach dir keine Sorgen, du bist nicht dabei.

Moor.   Sehr wahr. Ich mache Schluß.

Schweizer. Das ist nicht dein Ernst. Wen soll ich denn jetzt beschützen?

Moor.   Paß auf dich selbst auf, Schweizer. Ich gehe mich ausliefern. Da ist noch der alte Gärtner, der mal bei meinem Vater angestellt war. Er könnte die Belohnung gebrauchen.

Roller   (*gibt Spiegelberg ein Zeichen*). Warum grad der?

Moor.   Er ist der einzige Proletariar, den ich kenne.

Roller.   Du weißt aber doch, wie es Verrätern geht, Genosse Moor? (*Spiegelberg hebt seine Pistole. Vorhang.*)

FRIEDRICH SCHILLER

Kabale und Liebe

1. HANDLUNG

Luise Miller, Tochter eines Cellisten aus dem herzoglichen Kammerorchester, und Ferdinand von Walter, der Sohn des Präsidenten, lieben einander.

Das paßt dem zweiten Mann im Staat nicht ins Konzept. Er will nämlich seinen Ferdinand mit Lady Milford verkuppeln, der langjährigen Mätresse des Herzogs, der sie wegen einer bevorstehenden Zweckheirat loswerden muß.

Ferdinand weist die ihm angetragene Ehe mit der Mätresse empört zurück, sodaß der machthungrige Präsident, der seine Stellung am Hof durch Einbindung seines Sohnes zu stärken hofft, nun dazu übergeht, die beiden auseinanderzubringen.

Er erscheint im Hause Miller, beschimpft Eltern als Kuppler und will die »Metze« Luise an den Pranger schleifen lassen – letzteres unter unausgesprochenem Appell an die Offiziersehre, die gebietet, von einem Mädchen zu lassen, das solcher Schmach ausgesetzt worden ist. Doch Ferdinand droht, die Karte zu ziehen, die zum Schluß Wurm ausspielt (s.u.). Der Präsident läßt von seinem Vorhaben ab.

Luise aber verspürt den Zwiespalt zwischen Neigung und vermeintlicher Pflicht. Der Vater ist nämlich gegen die Verbindung, weil er ahnt, daß es nicht gutgehen kann. Für die Tochter ist die väterlicher Autorität direkt dem Herrgott entliehen: »Der Himmel und Ferdinand reißen an meiner blutenden Seele«.

Luises leichte Distanz wird von Ferdinand als Zeichen nachlassender Liebe mißverstanden. Für zusätzliche Irritationen sorgt Lady Milford, die sich ihm nicht als berechnende Hure präsentiert, sondern als ehemals mittellose Emigrantin, die dem Herzog in die Hände gefallen ist, ihre verlorene Unschuld durch mitfühlende Großherzigkeit wettzumachen versucht und Ferdinand aus Liebe heiraten will.

Nachdem die bisherigen Intrigen des Präsidenten erfolglos geblieben sind, ziehen er und sein heimtückischer Sekretär Wurm, der seinerseits scharf auf Luise ist, das letzte und wirkungsvollste Register: Luises Eltern werden unter falscher Beschuldigung inhaftiert, und ihre Freilassung wird der Tochter einzig unter der Bedingung in Aussicht gestellt, daß sie an eine Höfling einen fingierten Liebesbrief schreibt, der Ferdinand zugespielt werden soll. Per Schwur muß sie sich verpflichten zu schweigen. Zunächst läuft alles nach Plan: Luise fügt sich, schreibt und schweigt.

Ferdinand findet den Brief und verfällt prompt in rasende Eifersucht. Luises Situation ist tragisch: Wegen des Eides kann sie die Sache nicht aufklären, und umbringen kann sie sich auch nicht, weil der heimgekehrte Papa den Selbstmord als die schwerste aller Sünden verwirft.

Erst als Ferdinand ihr und sich selbst Gift einflößt, fühlt sie sich angesichts des Todes vom Eid entbunden und sagt, was wirklich geschehen ist.

Der entsetzte Präsident schiebt die Schuld auf Wurm, doch dieser schlägt zurück, indem er die Aufdeckung der blutigen Machenschaften androht, denen der Präsident seine Macht verdankt.

2. DEUTUNG UND KRITIK

Schiller hat mit »Kabale und Liebe« zweifellos das aggressivste und politischste bürgerliche Trauerspiel geschrieben.

Das Drama entstand nur zwölf Jahre nach Lessings Emilia Galotti und weist unverkennbare thematische Parallelen auf.

In beiden Stücken scheuen die Machthaber bei der Durchsetzung ihrer Ziele weder List noch Verbrechen. In beiden Fällen können sie sich eines Helfers bedienen, dessen Skrupellosigkeit noch größer ist als die eigene, und in beiden Fällen wälzen sie die eigene Schuld auf die Helfer ab.

Die eigentlichen Opfer sind die Frauen: Orsina und Lady Milford als enttäuschte Mätressen wider Willen, Emilia, die sich für ein Prinzip hinschlachten läßt, und Luise, die von Wurm in mittelbarer Täterschaft ermordet wird, weil sie einer verkommenen Staatsraison im Wege steht.

Beide Trauerspiele widerspiegeln aber auch, ohne daß ihre Schöpfer das sahen oder gar wollten, die Zwielichtigkeit und verborgene Halbherzigkeit des bürgerlichen Aufbegehrens gegen den Absolutismus, denn gerade die aufbegehrenden Väter der zugrundegerichteten Frauen stehen jeweils einer Familie vor, die exakt die gleiche Autoritätsstruktur hat wie das System, das sich über ihr wölbt. Folgerichtig leisten sie auch einen beträchtlichen Verursachungsbeitrag zum Unglück ihrer Töchter. Emilias Bitte an Odoardo, ihn zu erstechen, ist ein Appell an seine unangetastete väterliche Autorität, und Ferdinand wäre nicht auf die Intrige seines Vaters hereingefallen, wenn Luise nicht jenen halbherzigen Eindruck erweckt hätte, der das Ergebnis der unvereinbaren Unterwerfung unter die Wünsche des Geliebten und des Vaters war. Auch Ferdinands Tat, die ja kein Doppelselbstmord ist, sondern eine Kombination aus Mord und Suizid darstellt, ist ohne patriarchalische Machtanmaßung nicht denkbar. Welche enttäuschte Liebe, welche Eifersucht gibt ihm das Recht, Luise zu vergiften?

Man sieht: Was der Fürst im Großen praktiziert, vollziehen die wirklichen oder verhinderten Väter im Mikrokosmos der Familie zumindest ansatzweise nach.

Über all den Parallelen sollte aber nicht vergessen werden, daß Schillers bürgerliches Trauerspiel eine ungleich höhere politische Brisanz birgt, und zwar durch seine völlig unverhüllte Anklage gegen die Willkür der deutschen Landesfürsten. Das wird besonders deutlich in der Szene zwischen Lady Milford und ihrem Kammerdiener, die Schiller eingeführt hat, um die schändliche Praxis des Soldatenverkaufs zu geißeln, also die Angewohnheit europäischer Fürsten, Landeskinder an fremde Mächte zu verscherbeln, um weiter ihrer Verschwendungssucht frönen zu können.

Und schließlich darf auch nicht unerwähnt bleiben, daß die beiden Dramen sich auch in ihrem Stil voneinander unterscheiden. Welch ein Unterschied zwischen der förmlichen, um nicht zu sagen tranig-pastoralen Sprache Lessings und dem kraftvoll-feurigen Stil des jungen Schiller!

Man muß sich die Bandbreite seiner Ausdrucksmittel vor Augen führen, von den derben Schimpftiraden des alten Miller bis hin zu monologisierenden Äußerungen seiner Tochter, die – man verzeihe mir meine spät erwachte Vorliebe für das Schillersche Pathos – so bestürzend schön sind, daß es einem die Tränen in die Augen treiben kann: »Dieser karge Tautropfe Zeit – schon ein Traum von Ferdinand trinkt ihn wollüstig auf.«

3. SANDALE UND HIEBE
Spätbürgerliches Trauerspiel in sieben Szenen

Aus technischen Gründen kann hier nur die siebente Szene abgedruckt werden. Zur Einführung dies:

Das Stück spielt in der Gegenwart. Anders als bei Schiller hat sich hier ein Präsidententöchterchen in einen Jüngling aus dem Volke verliebt.

Die Kabale wird freilich wie bei Schiller eingefädelt:

Der Referent des Präsidenten von Bilfingen zwingt Eduard, den Geliebten der Präsidententochter, eine fingierten Liebesbrief niederzukritzeln, und zwar mit der Drohung, anderenfalls die Mutter wegen Diebstahls von Wischlappen und den Vater wegen Erschleichung von Arbeitslosenhilfe vor Gericht zu zerren.

7. Szene

(Eduard liegt in seiner ärmlichen Junggesellenbude vollständig bekleidet auf dem Bett. Bettina stürzt völlig aufgelöst herein.)

Bettina. Oh schrecklich enthüllte sich dein Frevel mir! Sieh mich an, Verruchter! Hier steht die, die da glaubte, sie könne dir helfen, abzusprengen all die verhaßten Ketten des Standes. Und nun – eine Frau aus unserem Gesinde gab mir einen Brief zu lesen, da sie der lateinischen Schrift nicht mächtig ist. Durch diesen krummen Zufall geriet die Epistel an die, die es wahrlich anging. Oh Bubenstück und Narrensprosse! Jeder Schuft macht seinen Fehler, sagt man. Den deinen hast du gemacht, Jüngling, jetzt zahle dafür!
(Sie hebt ein Pistol und zielt auf ihn.)

Eduard. Weh mir, gedenkest du mich gar zu morden?

Bettina. In der Tat, das bin ich sehr gesonnen.

Eduard. So laß dir doch erklären, bevor du dich ins Unglück stürzest. Es war nicht ich, der diesen Brief erdachte!

Bettina. Leugne nicht. Bübisch bin ich um mein Leben betrogen worden von dir, dem meine einzige Liebe galt ...

Eduard. Oh der frevelhaften Blindheit deiner Eifersucht! Den Brief erdachte dein Vater, und ich mußt' ihn niederschmieren, da meinen armen Eltern jahrelang der Kerker dräute! Und einen heilgen Eid ließ mich der Referent schwören, daß alles freiwillig geschehen sei.

Bettina (*läßt das Pistol verstört sinken*). Einen Eid willst du für mich gebrochen haben?

Eduard. Nun freilich. Von einem Eid, der unter frecher Drohung zustande kam, sagt mich der Herrgott gerne los.

Bettina. Ein heilger Eid darf nicht gebrochen werden, Eduard, grad von deinesgleichen nicht.

Eduard. Das mögen die Klassiker wohl denken, und wenn du dies vermeinst, dann ist's die Frucht von dem gottlosen Lesen.

Bettina. Was immer der Herrgott denkt, ich verzeihe dir den Frevel, wenn du mir aufrichtig versicherst, daß alles nur Kabale war.

Eduard. Ich tu's. Kabale deines Vaters! Doch der Dolch, den er zückte, der wird ihn selber treffen!

Bettina. Schauer des Todes ergreifen mich abermals - was hast du vor?

Eduard. Sieh, auf jenes braune Band habe ich das Gespräch gebannt.

Bettina. In deiner Sturm- und Drangzeit reimst du? Das ist ungewöhnlich.

Eduard. Ach, nur kurz sind Sturm und Drang - der Fortschritt währt ein Leben lang! So höre nun, was deines Vaters Sekretare mir gedroht hat, auf daß ich mich in jener Botmäßigkeit fügte, wie sie auch verhinderten Schwiegersöhnen geziemt.
(*Schaltet ein Minitonbandgerät ein.*)

Bettina. Ein Taumeln erfaßt mein Gemüt. Welch Wunderwerk der Mechanik, welch glänzende Hülle! Wie blitzen die feingekerbten Rädchen, die jedem Uhrmacher zur Ehr' gereichten! »Yamashita« lese ich – kommt es nicht aus dem fernen Japan?

Eduard. So ist es, Plappermaul. Und nun höre. (*Sie hören das Gespräch zwischen Fliege und Eduard. Am Ende schaltet Eduard das Gerät wieder ab*)

Eduard. Dieses kleine Band ist tausende von Dukaten wert.

Bettina. Ei gewiß. Und wenn mein Vater seine Drohung wahrmacht, deine armen Eltern in Ketten zu legen, so habe ich noch Dokumente, die seine Mitwirkung bei Deportationen in Litauen zur Zeit der Tyrannei belegen. Ha! Ich will seine Kabalen durchbohren wie seine Insektenseele, die am Riesenwerk meiner Liebe hinaufschwindelt ...

Eduard. Du wirst allenfalls die Laschen deiner Sandalen durchbohren.

Bettina. Wie? Was?

Eduard. Du hast mich schon verstanden, Alte. Auf die Kohle kam es mir an, verstehst du das jetzt endlich? Dafür brauch ich dich nicht mehr, ich hab ja die Tonbandkassette.

Bettina. Du Schwein!

Eduard. Laß die Pistole liegen und verpiß dich!

Bettina. Ich niet' dich um! (*Greift zur Pistole. Eduard schlägt ihr mit den Händen mehrfach ins Gesicht. Die Pistole fällt scheppernd zu Boden. Vorhang.*)

Johann Wolfgang Goethe

Iphigenie auf Tauris

1. HANDLUNG

Auf der Insel Tauris herrscht der Brauch, Fremde auf dem Altar der Göttin zu opfern. Bei Iphigenie macht König Thoas jedoch eine Ausnahme: Die will er lieber für sich behalten. Sein Sohn ist gefallen, und er sehnt sich nach männlichem Nachwuchs. Doch Iphigenies Dankbarkeit ist limitiert. Heiraten will sie ihn auf keinen Fall.

Zur Strafe beauftragt Thoas sie als Priesterin der Göttin Diana (griechisch: Artemis), zwei frische Opfer zu töten, die gerade nach einer unbemerkten Landung per Schiff in die Fänge seiner Soldaten geraten sind. Einer der beiden ist Orest, der seine Mutter Klytemnästra ermordet hatte, nachdem diese ihren von Troja heimgekehrten Gatten im Bad hatte erstechen lassen. Orest, der den auf seiner Familie lastenden Fluch loswerden will, hatte sich aufgrund einer mißverstandenen, weil orakelartigen Weisung des Gottes Apollo nach Tauris aufgemacht: Er und sein Leidensgefährte Pylades sind der Meinung, daß die »Schwester«, die sie von Tauris nach Hause bringen sollen, die Schwester Apollos – also Diana – sei, und halten sich deshalb für beauftragt, das Bild der Göttin aus dem Tempel zu klauen. Um so überraschter ist Orest, als er seine leibliche Schwester wiedererkennt und den wahren Sinn des göttliche Orakels durchschaut.

Was tun? Pylades ist, nachdem Orest sich von einer Art Wiedersehensdelirium erholt hat, für eine den neuen Gegebenheiten angepaßte Variante des urspünglichen Plans. Er will mit Orest das Diana-Bild grapschen, Iphigenie entführen und auf das Schiff fliehen, das mitsamt der Mannschaft in einer Bucht versteckt wartet.

Iphigenie soll durch einen Reinigungsritus (»Der Göttin Bild mit frischer Welle netzend«) Zeit gewinnen. Das tut sie auch, aber als sie dann unausweichlich vor der Wahl steht, sich entweder in Pylades' Plan ohne wenn und aber einspannen zu lassen, also Thoas hereinzulegen, oder sich dem

König zu offenbaren und damit das eigene Leben und das der Männer zu gefährden, entscheidet sie sich für die zweite Alternative. Dabei erinnert sie Thoas auch an dessen Schwur vor der Göttin Diana, Iphigenie freizugeben, wenn sich herausstellen sollte, daß jemand aus ihrem Stamm noch lebt und eine Rückehr nach Mykene möglich ist (»Du hältst mir Wort!«). Thoas, der sich zuerst mit Orest duellieren will, ringt sich zähneknirschend, zum Schluß aber auch aus Einsicht und mit der stolzen Geste des verkannten Barbaren dazu durch, das Trio nach Griechenland abreisen zu lassen.

2. DEUTUNG UND KRITIK

Goethes Iphigenie ist ein Remake eines rund 2500 Jahre alten Dramas von Euripides.

Was als erstes auffällt, ist der Stil. Während die besten Dramen des Sturm und Drang in Prosa geschrieben sind, kehrt die Klassik zum Versdrama zurück. In der Iphigenie bedient sich Goethe des fünffüßigen Jambus, den schon Lessing in seinem Nathan benutzt hatte. Dieses Versmaß eignet sich vorzüglich für eine vornehm-feierliche Diktion (»Die Ungewißheit schlägt mir tausendfältig / Die dunkeln Schwingen um das bange Haupt.«).

Inhaltlich ist das hervorstechendste Merkmal des Stücks die Statik seiner Handlung. Es passiert wirklich nicht viel. Einzige Höhepunkte sind das Einander-Wiedererkennen der beiden Geschwister Iphigenie und Orest sowie der innere Kampf Iphigenies, der ihrer Entscheidung vorausgeht, sich Thoas zu offenbaren. Das Stück lebt nicht vom entschlossenen Handeln seiner Helden, sondern von ihren qualvollen Entscheidungen, nicht zu handeln. Thoas nimmt Iphigenie nicht mit Gewalt zur Frau, Iphigenie tötet die beiden Landsleute nicht, Pylades flieht nicht, Orest kämpft nicht und Iphigenie scheut sich, den König hereinzulegen.

Warum all das? Goethe will die Selbstbestimmtheit der moralischen Entscheidung abfeiern, und zwar als Gegenbild zu Orests Überzeugung, daß alles vorherbestimmt sei. Orests Leben legt diese Determinationsgläubigkeit allerdings nahe. Mord, Grausamkeit und Hinterlist bestimmen das Verhalten seiner fluchbeladenen Familie; er selbst hat wie unter Zwang seine Mutter getötet und damit den Vater gerächt. Eher zwanghaft als aus eigenem Antrieb beugt er sich dem Orakel und segelt nach Tauris, wo sich sein Schicksal erfüllen soll. Auch da verhält er sich passiv. Er rettet sich und die seinen nicht selbst, sondern wird von seiner aufrichtig-mutigen Schwester gerettet. Ob die Erlösung vom Fluch gelingt, bleibt offen, aber Iphigenies beispielgebend mündige Entscheidung läßt immerhin hoffen, daß er den Fluch selbst abzuschütteln vermag.

Das war's auch schon. Ein richtiges Drama konnte daraus nicht werden, und eine Tragödie schon gar nicht, weil die »sittlichen« Entscheidungen, die die Helden in ihrer »Reinheit« treffen, keine negativen Folgen auslösen. Es geht eben alles, wie sich das für eine ordentliche Utopie gehört, glatt und gut. Iphigenie trifft auf einen großmütigen König, und dieser kann sich Großherzigkeit leisten, weil er niemandem Rechenschaft schuldet – außer sich selbst.

Hier wirkt übrigens der unterschwellige Appell, es als roher Skythe den zivilisierten Griechen gleichzutun und eine sittliche, humane Entscheidung zu treffen, mehr als die Erinnerung an den Schwur, denn von dem hätte Thoas sich aus mannigfachen Gründen lossagen können (fehlender Verwandtschaftsnachweis, dreistes Auftreten von Orest und Pylades, anfängliche Arglist von Iphigenie, mangelnde Gewähr einer glücklichen Heimkehr, eventuelle Kollision mit höherrangigem Recht usw.).

Goethe hat sich übrigens nie Illusionen darüber gemacht, daß er sich hier in einer von feierlicher Erhabenheit triefenden Sprache von der Wirklichkeit weg in den Himmel der Utopie begeben hat. Iphigenie zeigt, um mit Max Weber zu sprechen, eine abstrakte Gesinnungsethik. Es ist nicht etwa so, daß sie hoch pokert und einfache Schwein hat. Sie hätte nämlich mit geringerem Einsatz gewinnen können. Sie zieht die moralische Entscheidung ohne Rücksicht auf die Konsequenzen der moralisch anfechtbaren vor.

Praktische Verantwortungsethik hätte einen Fluchtversuch nahegelegt, denn schließlich war auf Thoas' Ehrgefühl kein Verlaß, und die schönste Moral nützt nichts, wenn sie nur dazu führt, daß man auf einem Altar hingeschlachtet wird.

3. IFFE, TOTAL COOL

Schauplatz: Diana-Tempel. An den Türen stehen bewaffnete Wächter.

Orest.   Tag, ich bin der Resti.

Iphigenie. Ehrlich? Dann sind wir ja womöglich Geschwister! Ich bin die Iffe.

Orest.   Aus Mykene?

Iphigenie. Klar doch.

Orest.   Äy, Schwester, äy! (*Haut ihr begeistert auf die Schulter*). In dieser verkackten Gegend sieht man sich nach zwanzig Jahren wieder!

Iphigenie. Wen hast'n da noch bei?

Pylades.   Ich bin der Pülli.

Iphigenie. Grüß dich, Pülli. Was machen wir nun? Überlegt euch mal was.

**Orest und
Pylades.**   Wieso wir? Unsere Yacht ist im Arsch, und außerdem: Du kennst dich doch hier aus mit den Eingeborenen.

Iphigenie. Ich muß euch was gestehen, Jungs. Die haben mich hier zur Priesterin gemacht. Normal muß ich euch auf'm Altar schlachten. So geht es allen Ausländern, die hier angeschwemmt werden.

Orest.   Mach kein' Scheiß.

Pylades.   Ehrlich?

Iphigenie. Was ist, Männer? Ihr seid ja echt total blockiert, irgendwo unglücklich. So krampfig. Ihr müßt es locker angehen.

Orest.   Also war das nur 'n Witz? Oder ham die hier wirklich so Bräuche?

Iphigenie. Aber voll, äy. Chef ist hier der Thoas. Der wollte mich heiraten. Aber ich hab ihn nicht rangelassen, weil: der Typ hat Mundgeruch. Zur Strafe soll ich jetzt Ausländer für die Götter tranchieren.

Orest. Ich krieg's im Kopf.

Pylades. Unsere Jungs versuchen gerade, die Yacht flottzukriegen. Die Kanacker haben sie noch nicht gefunden. Wir sollten 'n langen Schuh machen, wenn die Aufpasser hier pennen.

Orest. Total korrekt, äy.

Iphigenie. Also ich find's irgendwo nicht korrekt. Wie ich ihm neulich gesagt hab: Typ, äh, tut mir leid, aber ich kann das echt nicht leisten, mit Zärtlichkeiten und so, da hat er, obwohl: er ist ja der King, ne, voll seine Betroffenheit eingebracht, also er hat geschrien und war voll jähzornig und so und hat sich sone Träne außem Augenwinkel gewischt ... also ich kann den Typ nicht arschen, echt, äy.

Pylades. Dann bleib von mir aus hier. Aber ich verpiß mich. Kommste mit, Resti?

Orest. Logo, aber ich muß Iffe mitnehmen, sonst hab ich weiter die Götter am Hals wegen der alten Geschichte mit der Mutter.

Iphigenie. Da kommt er schon.

Orest und Pylades. Wer?

Iphigenie. Tossi.

Thoas (*mit Gefolge*). Guten Morgen, Iphigenie, wann gedenken Sie mit der Zeremonie zu beginnen?

Orest. Hör ma, King, ich fänd's echt unheimlich wichtig, wenn du 'n Auge zudrücken könntest. Die Iffe ist nämlich meine Schwester und ich könnte so'n Fluch loswerden, wenn du uns zusammen abdackeln läßt.

Pylades   (*zu Orest*). Und ich?

Thoas.   Junger Mann, ich habe mit Ihnen zusammen noch nie die Säue gehütet. Also siezen Sie mich gefälligst. Iphigenie, kennen Sie die beiden Fremden?

Iphigenie.   Ja, mein König. Der hier ist mein Bruder, der andere sein Freund. Und das mit dem Fluch der Götter stimmt auch.

Thoas.   Tja, wenn das so ist, bin ich ausnahmsweise nicht abgeneigt, Ihrer Interessenlage Rechnung zu tragen. Man ist ja schließlich kein Barbar. Also: Gute Reise und schreiben Sie mir mal!

Iphigenie.   Klaro!

Orest.   Geil!

Pylades.   Nix wie weg!

Thoas   (*zu einem Berater*). Unter uns: Seit mir die Dame einen Korb gegeben hat, kann ich sie nicht mehr sehen. Die ganze Zeit suche ich nach einem Vorwand, sie elegant loszuwerden, und jetzt kommen unverhofft diese beiden Trottel mit ihrem Götterfluch. Was bin ich froh!

FRIEDRICH SCHILLER

Don Carlos
Infant von Spanien

1. HANDLUNG

Der 23jährige Carlos, Spaniens Thronfolger in Lauerstellung, hat ein ambivalentes Verhältnis zu seinem Vater, König Philipp dem Zweiten. Einerseits buhlt er um Vaterliebe und fühlt sich von den Günstlingen des Königs, Herzog Alba und Beichtvater Domingo, zurückgesetzt. Andererseits ist der König sein Nebenbuhler. Aufgrund einer Kungelei zwischen dem französischen und dem spanischen Herrscherhaus war für Carlos die schöne Elisabeth von Valois als Frau ausersehen. Die beiden verliebten sich eineinander, doch dann glaubte es der verwitwete Philipp der Staatsraison schuldig zu sein, die Braut selbst zu heiraten.

Obwohl Carlos nun auf diese Weise zum Stiefsohn seiner Angebeteten geworden ist, will er nicht von ihr lassen, so oft sie ihm auch rät, seine brachliegende Liebe besser dem Volke zu widmen.

Als Carlos seinen Vater vergeblich bittet, das Heer gegen die Rebellen in Flandern führen zu dürfen, kommt es zum Bruch. Um so leidenschaftlicher liebt der Prinz die Königin. Dabei verstrickt er sich in einem Knäuel von Intrigen und Komplotten:

Ein vermeintlich von Elisabeth geschriebener Liebesbrief führt den erwartungsfrohen Carlos in das Gemach der Prinzessin von Eboli, die den verwirrten Infanten mit Liebesschwüren überrascht. Carlos läßt durchblicken, daß er eine andere liebt, und sie, schwer frustriert, ahnt auch, wer es ist, denn die werbenden Briefe, die Philipp ihr schreibt, zeigen ihr, daß es mit der königlichen Ehe nicht zum Besten steht.

Rachsüchtig vertraut die Prinzessin sich Alba und Domingo an, denen die fremde Königin und der Infant stets ein Dorn im Auge waren. Auf Geheiß der beiden stiehlt sie Carlos' alte Briefe aus der Schatulle der Königin, spielt sie dem König zu und läßt sich auf ein Verhältnis mit ihm ein.

Doch Philipp merkt trotz seiner wiederbelebten Eifersucht, daß die beiden Höflinge nur ihre eigenen Interessen verfolgen. Mißtrauisch, vereinsamt und voller Ekel über die Hofkamarilla bittet er den Marquis von Posa zur Audienz.

Der Marquis, von dem Philipp nicht weiß, daß er ein Busenfreund seines Sohnes ist, beeindruckt ihn durch seine Offenheit und seinen Mut, wenngleich seine politischen Ideale (»Geben Sie Gedankenfreiheit«) dem autoritären König völlig fremd sind.

Mit dem frischerworbenen Vertrauen des Königs im Rücken spinnt der Marquis nun das Netz zu einer breitangelegten Verschwörung. Ziel ist die Befreiung Flanderns vom spanischen Joch. Er weiht die Königin ein und will Carlos zum Anführer der Rebellen machen. Um die Konkurrenten im Kampf um die Gunst des Königs auszuschalten und Philipps Vertrauen zu vertiefen, läßt er sich von Carlos dessen Brieftasche geben und händigt sie dem König aus, wobei er freilich die kompromittierenden Briefe der Königin an den Infanten vorher aussondert. Der König findet den Brief, den die Eboli an Carlos geschrieben hatte, und ihm geht ein Licht auf.

Dem Marquis gelingt es, den Verdacht des Königs gegen seine Frau und Carlos von der Untreue abzulenken und auf ein politisches Komplott umzudirigieren. Nicht Betrug, sondern Verrat soll der König wittern. Posa läßt sich einen Haftbefehl gegen Carlos geben.

Bei Carlos wächst inzwischen der schreckliche Verdacht, daß sein Freund ihn seinen politischen Plänen opfern will. Er fühlt sich verraten. Die selbstkritische Einsicht, daß er all seine Kraft auf eine unerfüllbare Liebe konzentriert hat, statt politisch tätig zu werden, unterstützt noch den Verdacht gegen seinen Freund. Seine vermeintliche Isolation treibt ihn in die Arme der Prinzessin von Eboli, bei der der Marquis ihn auch vorfindet, als er mit seinem Haftbefehl erscheint. Der Marquis gerät angesichts dieser Szene in Panik: Seine Angst, der Prinz könne der Eboli von dem Beinahe-Verhältnis zwischen Mutter und Sohn berichtet haben, und die Prinzessin werde alles brühwarm dem König hinterbringen, wird schnell, allzu schnell zur Gewißheit. Er dreht durch, bedroht die Eboli mit einem Dolch, ermordet sie dann doch nicht, sondern schreibt einen Brief an die flandrischen Verschwörer, der nur den Zweck hat, abgefangen zu werden. Er liefert sich damit selbst ans Messer, der Infant dagegen ist entlastet. Der Marquis findet noch Zeit, seinem inhaftierten Freund reinen Wein einzuschenken, doch kaum hat sich alles aufgeklärt, wird Posa auch schon in Carlos' Zelle erschossen. Als der König erscheint, um Carlos freizulassen, findet er den toten Marquis in seinen Armen. »Dein Geruch ist Mord«, schleudert sein Sohn ihm entgegen, und Carlos läßt auch keinen Zweifel daran, daß er nicht etwa das Opfer, sondern der Kampfgefährte des Toten war. Der König versinkt durch den Verrat des Marquis und den Haßausbruch seines Sohnes in tiefe Verzweiflung: »**Ein** freier Mann stand auf ... Er verachtet mich und stirbt.« Doch dann bäumt er sich noch einmal auf, um über des »Träumers Hirngespinst«, nämlich Freiheit und Menschenwürde, zu siegen. »Mit seiner Puppe fang ich an«, beschließt er. Das läßt nichts Gutes für Carlos erwarten.

Philipp läßt den Großinquisitor kommen. Der, mittlerweile 90jährig und erblindet, wirft dem König vor, den Marquis nicht längst als Ketzer denunziert zu haben – was nichts als ein Vertrauensakt gegenüber der Kirche gewesen wäre, denn wie Philipp zu seiner Überraschung hört, hatte die Inquisition den Marquis längst in ihren Fängen und wartete nur auf den günstigsten Moment, ihm den Prozeß zu machen.

Aber der Inquisitor hat allen Grund, dem König zu verzeihen, denn dieser opfert ihm den eigenen Sohn: »Ich lege mein Richteramt in deine Hände.«

Carlos wird verhaftet, als er sich von seiner Mutter verabschiedet. »Ein reiner Feuer hat mein Wesen geläutert«, sagt der endlich zum Handeln entschlossene Prinz. Zu spät.

2. DEUTUNG UND KRITIK

Die zentrale Gestalt des Dramas ist nicht Don Carlos, sondern der Marquis von Posa. Nach ihm hätte das Stück benannt werden müssen, denn er ist der eigentliche Gegenspieler des Königs. Er ist es, der ein internationales Komplott gegen die spanisch-katholische Despotie schmiedet und schließlich den Opfertod für den Freund stirbt, ohne seine politischen Pläne begraben zu haben.

Nicht zufällig ist in den zwölf »Briefe(n) über Don Carlos«, die Schiller zur Verteidigung des Dramas gegen zeitgenössische Kritiker schrieb, fast nur vom Marquis die Rede. Zugegeben: Bis zur Mitte des 3. Akts steht Carlos im Mittelpunkt, jedoch nicht als strahlender Held und damit als Identifikationsfigur, sondern, wie Schiller im 3. Brief sagt, als Schulabsolvent, der in einen »Zustand müßiger Schwärmerei, untätiger Betrachtung« versinkt und einer unerfüllbaren Liebe lebt.

Warum trägt das Drama gleichwohl seinen Namen?

Weil Schiller daran, wenn auch mit Unterbrechungen, vier Jahre lang (1783 – 1787) gearbeitet hat und weil sich in dieser langen Zeit sein Interesse, um nicht zu sagen seine Liebe, vom Infanten auf den Marquis verlagert hatte, ohne daß Schiller seinem schon vor Beginn der Arbeit geplanten Titel untreu werden wollte. »Ich muß gestehen«, schreibt Schiller im Frühjahr 1783, »daß ich ihn (Carlos) gewissermaßen statt meines Mädchens habe.« Vier Jahre später war der Marquis sein Lieblingsheld. »Wie arm bist du«, läßt er ihn zu Carlos sagen, »seitdem du niemand liebst als dich.«

So zeigt sich, daß Schillers Helden auch Spiegelungen seines eigenen Charakters und seiner Entwicklung sind. Die entwicklungsbedingten Brüche hätten sich vermeiden lassen, wenn Schiller, statt sich vier Jahre lang mit dem Stück abzuplagen, seinen selbstkritischen Grundsatz im 1.Brief berücksichtigt hätte, nämlich den, daß ein dramatisches Werk »die Blüte eines einzigen Sommers « sein soll.

Wenn das Werk dennoch einen geschlossenen Eindruck vermittelt, dann deshalb, weil es von der ersten bis zur letzten Zeile den Geist der humanistisch geprägten Empörung gegen die Despotie atmet. Die schon zu Beginn selbst auferlegte Pflicht, »in Darstellung der Inquisition die prostituierte Menschheit zu rächen und ihre Schandflecken fürchterlich an den Pranger zu stellen«, hat Schiller erfüllt, und zwar in einer Weise, die das Drama trotz des heute manchmal enervierend wirkenden Tugendpathos' unsterblich macht. Unsterblich wie die Unterdrückung und die Revolte selbst.

Auch jenseits seiner Sturm-und-Drang-Zeit bleibt Schiller seinem vielschichtigen, widersprüchlichen Heldentypus treu. Das Drama kennt keine Lichtgestalten, keine Ritter ohne Fehl und Tadel. Carlos vermag sich erst nach dem Opfertod seines Freundes dazu durchzuringen, seiner Liebe zur Königin zu entsagen und sich endlich für eine politische Aufgabe zu entscheiden. Daß dieser Entschluß zu spät kommt, ist seine Tragik. Vorher aber ist ihm kein Trick zu schäbig: Einen Liebesbrief des Königs an die Prinzessin von Eboli, der ihm in die Hände gefallen ist, will er gegen den König ausspielen. Der Marquis zerreißt den Brief. Doch auch er ist – bei aller Courage und Opferbereitschaft – nicht frei von bedenklichen Zügen. Er spielt tatsächlich mit dem Gedanken, den Freund um höherer Ziele willen zu verraten, wie Schiller im 7. Brief näher ausführt, betreibt diesen Verrat dann nur scheinbar und begeht den unbegreiflichen Fehler, Carlos nicht einzuweihen.

Na ja, und wie er das Vertrauen des Despoten benutzt, ist auch schon reichlich macchiavellistisch.

Der König vertritt die härteste Variante des katholischen Fundamentalismus – meint man, bis der Großinquisitor aufkreuzt, der nur noch grauenerregend ist, wenn er auf Philipps Frage »Er ist mein einziger Sohn – wem hab ich gesammelt?« antwortet: »Der Verwesung lieber als der Freiheit.«

Der Marquis gibt den König mit der Bermerkung auf, in diesem starren Boden blühe keine seiner Rosen mehr. Doch diese Starrheit ist mitbedingt durch des Königs völlige Einsamkeit, und die ist nicht ausschließlich selbstverschuldet.

Tragisch ist das Schicksal der Frauengestalten. Die mit Philipp verkuppelte und von ihm als Buhlerin beschimpfte Königin empfiehlt Carlos, ihrem Stiefsohn wider Willen, eine Sublimation seiner Liebe: Er soll seinem Volk die Freiheit schenken. Doch welche Möglichkeiten bleiben ihr?

Und dann die unvergeßliche Eboli, mit der Generationen von Deutschlehrern an mädchenarmen Gymnasien immer so schön demonstrieren konnten, welch gräßliche Rache man sich als Mann zuziehen kann, wenn man die Liebe einer Frau nicht zu erwidern vermag ... Ihr selbst geht es nicht besser. Sie liebt den Prinzen, schläft mit dem König und wird ins Kloster verbannt.

Was das Werk zum Klassiker macht, also zu einem Stück Literatur, das heute noch frisch, bewegend und mitreißend wirkt, sind aber nicht die Intrigen der Eboli oder solcher Figuren wie Alba und Domingo, sondern es ist die dramatische Gestaltung des Spannungsverhältnisses zwischen privaten und öffentlichen Leidenschaften sowie zwischen Freiheit und Knechtschaft – Gegensätze von immerwährender Aktualität. Welche

Werte der Schiller des Jahres 1787 – zwei Jahre vor der französischen Revolution – favorisiert, ist offenkundig. Doch er kennt auch den Preis, den ein Mensch zahlt, der für seine Überzeugungen eintritt: Nicht nur Kerker und Tod, sondern auch Verzicht auf privates Glück. »Gehen Sie! Ich schätze keinen Mann mehr«, sagt die Königin zum Marquis, als dieser seinen Opfertod angekündigt hat. Er wirft sich vor ihr nieder und ruft: »Königin! – O Gott! das Leben ist doch schön.«

Man muß sich die Mühe machen, diese Stelle, die einen der wenigen dunklen Sätze des Dramas enthält, zu entschlüsseln. Der Marquis verkörpert für die Königin alle männlichen Tugenden, und ihre Worte sind Ausdruck höchster Bewunderung und Zuneigung. Dem Marquis wird noch einmal grell bewußt, daß sein bevorstehender Tod auch den Verzicht auf Schönheit, Wärme, Liebe und Glück besiegelt.

Über die Schwächen des Stücks ist viel geschrieben worden, und ein Strukturfehler ist tatsächlich trotz der Schillerschen Rechtfertigungsversuche in seinen Briefen unbestreitbar:

Daß der Marquis seinen Freund in seinen scheinbaren Verrat nicht einweiht, mag noch angehen, aber daß er alles verloren glaubt, als er Carlos sich bei der Eboli ausweinen sieht, ist unbegreiflich. Selbst wenn Carlos ihr seine Liebe zur Königin gestanden hätte (was er gar nicht vorhatte und was für die Prinzessin auch nur die Bestätigung ihres Verdachts gewesen wäre), wäre sie damit nicht mehr gleich zum König gerannt. Ferner: Man hätte sie hindern können, und wenn alle Stricke gerissen wären, hätte der Marquis immer noch seine höhere (wenn auch zerbrechliche) Glaubwürdigkeit bei Philipp zur Geltung bringen können. Aber Schwamm drüber.

Was mich, aber das ist Geschmackssache, trauriger macht, ist das Korsett der Verse, das der Dichter dem Drama anlegt. Schiller hätte bei seiner Sturm-und-Drang-Prosa bleiben sollen, doch ach, was schreibt er da schon im August 1784 an den Mannheimer Intendanten? »Froh bin ich«, schreibt er, »daß ich nunmehr so ziemlich Meister über den Jamben bin. Es kann nicht fehlen, daß der Vers meinem Carlos viel Würde und Glanz geben wird.« Irrtum! Wenn man schale Versakrobatik mit Tugendpathos mischt, entsteht statt Würde Komik.

Aber wie stark muß ein Stück sein, wenn es auch das verkraftet!

3. CHARLY AUS'N PÜTT

Erster Auftritt

Philipp, Charly, Lisa und Rolf Poser sitzen an einem Tisch im Schankraum der Gaststätte »Zum Castroper Hof«. Paula Ebel bedient.

Philipp.   Ich find's verdrüßlich, daß in Parks und auch in Schänken
Viel fremdes Kauderwelsch zu hören ist,
Daß Bimbos, Schlitzis und Kanacker ohne Scham
Aufs frechste sich des deutschen Weibes Gunst erschleichen
Und brave Männer um den sauren Lohn betrügen.

Lisa   *(entfärbt sich, mit bebender Stimme).*
Woher nur, mein Gemahl, nimmst du das Recht,
In blinder Raserei die Menschenwesen zu verdammen
Die deinem Ideal vom kernig-deutschen Recken
zu spotten scheinen – wie die Weiblichkeit?

Philipp   *(einen durchdringend kalten Blick auf sie heftend).*
Ich neige mich schon lang nicht mehr
Vor der erhabenen Chimäre deiner Tugend,
Seh ich doch täglich, wie du meiner Ehre spottest
Und meinen Sohn mit geilen Blicken irritierst.
Es trifft sich gut, daß eine Buhlerin
Verrassung, Untergang und Sieg des Untermenschentums
Zu fördern sucht, obwohl sie selbst katholisch ...

Poser   *(ihm schnell und beschwichtigend ins Wort fallend).*
Der Altersunterschied verführt bekanntlich rasch dazu
Sich ohne Grund für den Betrogenen zu halten
Und was die Politik betrifft, so sind die Unterdrückten
In allen Rassen und Kulturen mir näher als die Monopole.

Philipp   *(auffahrend).* Hach, soweit kommts – ein Kommunist!

Paula Ebel   *(volle Biergläser auf den Tisch stellend).*
Roberto Blanco ist zum Beispiel auch ein netter Neger.
Und einen Perser hatt ich mal, ich kann euch sagen ...

Charly (*die Hände ringend, mit tränenerstickter Stimme*).
　　　Müßt ihr an meinem Namenstag euch streiten
　　　Um Politik und den erhabenen Gefühlen lästern
　　　Die mich verzehren, seit die Liebste mir zur Mutter ward
　　　Und ich die Schranken des Tabus nicht zu durchbrechen wage?

Philipp (*in heftigster Bewegung aufspringend, außer sich*).
　　　Du jauchzest, der Beleidigte zu sein,
　　　und mir die zweite Ehe ewig vorzuhalten.
　　　Doch diese Qual ertrag ich – schlimmer wärs,
　　　Wenn ich in blutschändrischer Weise dich erhaschte.
　　　Drum, Karl und Lisa, fürchtet meinen Zorn!
　　　Ich gehe jetzt, die Täubchen zu versorgen.

Zweiter Auftritt

(*Dieselben außer Philipp. Auf seinem Platz, neben Lisa, sitzt zeitweise Paula Ebel.*)

Charly (*schon recht trunken vom Biere*).
　　　Elisabeth, der Alte ist verschwunden
　　　Wir können offen reden in Gegenwart des treuen Freundes
　　　Und der verschwiegnen Wirtin, die uns wohlgesonnen.
　　　Drum tu jetzt , was vor dir kein Weib getan:
　　　Bekenne dich zur Wollust der verbotnen Liebe!

Lisa.　　Verwegener, du spottest meiner Tugend –
　　　Doch ach, dein Blick erweichet das Tabu,
　　　Und meine Nerven fangen an zu reißen.

Poser　(*einen durchdringenden Blick auf beide heftend*).
　　　Wollt ihr privaten Lüsten frönen, während hier
　　　Und draußen Hunger, Krieg und Unterdrückung herrschen?

Ebel.　　Ach Rolf, gönn doch den Leuten ihren Spaß
　　　Und überlaß die Politik den Irren, die regieren! (*Verläßt den Raum.*)

Charly. Hör nicht auf das Geschwätz, laß Liebe sprechen!
　　　(*Beugt sich über Lisa, sie zu küssen.*)

Dritter Auftritt

(Charly steuert mit schwankendem Gang die Herrentoilette an, reißt aber die danebenliegende Tür mit der Aufschrift »Privat« auf, tritt ein und öffnet mechanisch die Hose.)

Ebel   *(macht sich gerade an einer Getränkekiste zu schaffen und fährt erfreut herum).* Wie nett von dir, mein Karl, mich zu besuchen!

Charly. Wo bin ich? Rasender Betrug! Ich habe
Das rechte Kabinett verfehlt!

Ebel.   Wie schüchtern kannst du dich verstellen, doch
Du bist ertappt, ist doch das Höschen schon geöffnet!

Charly. Unglückliche, was denkst du nur?
Ich wollte doch, um Wasser abzuschlagen ...

Ebel   *(lachend).* Doch nicht in meinem Raum, du Schelm.
Gibs zu, du kommst, weil deine Mama dich verschmäht!

Charly *(in der heftigsten Bewegung vor ihr niedergeworfen).*
Wie schrecklich hab ich mich verstrickt!

Ebel   *(ihn von oben umhalsend).*
Mach kein Theater, lösch das Licht und sei
Ein Mann, bevor die andern merken, wo du steckst!

Charly *(fährt mit glühendem Gesicht wie ein Rasender in die Höhe).*
An dich , du Metze, werd' ich meine Reinheit nicht verlieren!
(Löst sich und stürzt davon.)

Ebel   *(ihm nachschreiend).* Deine Eltern solln noch von mir hören!

Vierter Auftritt

(*Vor der Tür zum Privatgemach von Paula Ebel.*)

Poser.   Ich komme just vom Urinal und hörte drinnen ein Geschrei.
Was ist geschehn, hast du an Lisa dich vergangen?

Charly (*bleich, mit zerstörtem Gesicht und bebender Stimme*).
Satanische Verräterei! Ich soll
Durch ein verruchtes Bubenstück zerschmettert werden!
Die Paula will, nachdem ich sie verschmäht,
beim Vater gegen mich und Lisa wüten.

Poser.   Wohlan, das bade selber aus. Die Fälle, da
Ein Revolutionär für einen Freund sich opferte,
Dem keine Träne floß, die nicht ihn selbst beweinte,
Gab's nur bei jenen Priestern der Erhabenheit,
Die unsrer Dichtkunst Ruhm begründen halfen.

(*Poser nimmt Charly beim Arm; dieser läßt sich ohne Zeichen des Bewußtseins hinwegführen. Von oben ertönt die Stimme des rasenden Philipp.*)

HEINRICH VON KLEIST

Michael Kohlhaas

1. DIE GESCHICHTE

Michael Kohlhaas, ein redlicher Brandenburger Roßhändler, wird auf einer Geschäftsreise durch Sachsen auf das Schloß des Junkers Wenzel von Tronka genötigt, weil er keinen Paßschein vorweisen kann. Dort nimmt der Junker zwei Pferde als Pfand. Kohlhaas läßt einen Knecht zurück, erfährt in Dresden, daß es für das Gebiet des Junkers weder Paßpflicht noch Pässe gibt, kehrt befremdet zum Schloß zurück und findet zwei »dürre, abgehärmte Mähren« vor. Sein Knecht ist, so hört er, Tage zuvor weggejagt worden. Er läßt seine bei der Feldarbeit zugrundegerichteten Pferde auf dem Schloß, reist heim und erfährt dort von seinem halb zu Tode geprügelten und blutspuckenden Knecht, daß man ihn unter einem nichtigen Vorwand fortgejagt hatte, um die Pferde ungestört schinden zu können.

Kohlhaas läßt durch einen Dresdner Anwalt Klage erheben. Den Herren Hinz und Kunz von Tronka, zwei Verwandten des Junkers, die als Mundschenk und als Kämmerer am Dresdner Hof tätig sind, gelingt es jedoch, dafür zu sorgen, daß die Klage niedergeschlagen wird. Kohlhaas wendet sich unverdrossen mit einer Bittschrift an den Brandenburger Kurfürsten. Die Eingabe landet bei einem Grafen Kallheim, von dem Kohlhaas später erfährt, daß er mit der Familie des Junkers verschwägert ist. In einer Resolution, die ihm zugestellt wird, wird er als unnützer Querulant beleidigt und aufgefordert, die Staatskanzlei künftig mit solchen Stänkereien zu verschonen.

Kohlhaas schäumt, verkauft Haus und Hof und sinnt auf Rache. Seine Frau will das Unheil mit einer Bittschrift abwenden, die sie persönlich dem Landesherrn überreichen möchte. Schwer verletzt kehrt sie von ihrer Reise zurück. Ein Wachsoldat hatte ihr den Zutritt zum Kurfürsten mit Brachialgewalt verwehrt. Sie stirbt. Kohlhaas schickt seine Kinder zu

Vewandten, bewaffnet seine Leute und überfällt das Schloß des Junkers. Das Schloß geht in Flammen auf. Die beiden Pferde werden gerettet, fast alle Bewohner erschlagen. Dem Junker gelingt die Flucht nach Wittenberg. Kohlhaas steckt die Stadt mehrfach in Brand, schlägt in regelrechten Feldschlachten die Truppen des Prinzen von Meißen, zündet schließlich Leipzig an und gibt sich, während ihm immer mehr Leute zuströmen, als Statthalter des Erzengels Michael aus. Panik macht sich breit. Martin Luther schaltet sich ein und verdammt ihn auf einem Plakat mit donnernden Worten. Es kommt zu einem Gespräch zwischen beiden. Luther wirft dem Rebellen »schnöde Selbstrache« vor; Kohlhaas, der den Reformator verehrt, versichert, daß er seinen Feinden vergeben wolle und nur darauf bestehe, daß der Junker seine Pferde wieder dickfüttert. Durch Vermittlung Luthers kommt es zu einem Beschluß des Kurfürsten, Kohlhaas freies Geleit nach Dresden zu gewähren, wo sein Zivilprozeß durchgeführt werden soll. Falls er ihn verliert, soll ihn die ganze Härte des Gesetzes wegen seines »eigenmächtigen Unternehmens« treffen. Wenn er gewinnt, soll ihm völlige Amnestie gewährt werden.

Kohlhaas legt sofort die Waffen nieder, liefert die Beute ab, entläßt seinen Kriegshaufen und begibt sich nach Dresden. Seine Sache gegen den mittlerweile von den Verwandten geschmähten und verhöhnten Junker von Tronka steht nicht schlecht, doch dann lassen zwei Ereignisse, an denen Kohlhaas völlig schuldlos ist, die Stimmung in der sächsischen Regierung gegen ihn umschlagen. Zum einen wird der wiedergutmachungswillige Kämmerer von Tronka bei der Besichtigung der mühsam herbeigeschafften Schindmähren von Leuten aus dem Volk verprügelt, zum anderen sammelt ein gewisser Johann Nagelschmidt Teile der aufgelösten Kohlhaasschen Bande um sich, spielt seinen Statthalter und begeht neue Mordbrennereien.

Kohlhaas, der für einige Tage nach Hause reisen will, wird unter Bruch des ihm gewährten freien Geleits gefangengenommen. In seiner Verzweiflung nimmt er ein Befreiungsangebot Nagelschmidts an. Das führt zu einem Schnellprozeß. Kohlhaas wird verurteilt, »mit glühenden Zangen von Schinderknechten gekniffen, geviertelt, und sein Körper, zwischen Rad und Galgen, verbrannt zu werden«.

Hier nun schaltet sich der Kurfürst von Brandenburg ein, indem er die

Auslieferung seines Untertanen verlangt. Die Sachsen, die sich eigentlich wegen der dort begangenen Straftaten des Verurteilten für zuständig halten, haben gerade Streit mit Polen und wollen an der Brandenburger Front Ruhe haben. Der Kurfürst liefert Kohlhaas deshalb an seinen Brandenburger Kollegen aus, will ihn aber nicht ungeschoren davonkommen lassen. Da die Nagelschmidtsche Affäre zu dubios ist, als daß man sie ihm anhängen könnte, und da der Raubzug unter die bedingte Amnestie fällt, hebt er die Affäre auf die internationale Ebene und läßt eine Beschwerde beim deutschen Kaiser in Wien wegen des bewaffneten Einfalls in Sachsen abfassen, mit der Folge, daß der Reichsankläger vor dem Hofgericht in Berlin Anklage wegen Bruchs des öffentlichen Landfriedens erhebt.

Auf der Reise Kohlhaasens nach Brandenburg dringen märchenartige Elemente in den Handlungsablauf ein: Bei einem zufälligen Zusammentreffen zwischen Kohlhaas und dem sächsischen Fürsten entdeckt der Fürst am Halsband des ersteren eine kleine Kapsel, die ihm bekannt vorkommt. Sie stammt von einer Zigeunerin, die sich Jahre zuvor als zuverlässige Wahrsagerin erwiesen und auf Wunsch des Kurfürsten dreierlei notiert hatte: »Den Namen des letzten Regenten deines Hauses, die Jahreszahl, da er sein Reich verlieren, und den Namen dessen, der es, durch die Gewalt der Waffen, an sich reißen wird.« Den in einer Kapsel versteckten Zettel hatte sie dann aber nicht dem Kurfürsten gegeben, sondern einem Unbekannten, der damit verschwand, nämlich Kohlhaas. Der Kurfürst, der gegenüber Kohlhaas doppelt wortbrüchig geworden ist – einmal durch Widerruf des freien Geleits, zum anderen durch Aushöhlung der Amnestie im Wege der völkerrechtlichen Umdeutung der Affäre – zieht nun alle Register, um Kohlhaas freizubekommen. Aber er beißt auf Granit, sowohl bei den Hofbeamten, die ihn befremdet fragen, warum er denn alles angeleiert habe, um jetzt die in Fahrt geratene Staatsaktion wieder zu stoppen, als auch bei Kohlhaas, der nun seine ungeahnte Macht gegen den Kurfürsten von Sachsen voll ausspielt: »Du kannst mich auf das Schafott bringen, ich aber kann dir weh tun, und ich wills!«

Kohlhaas wird zum Tode durch das Schwert verurteilt. Kurz vor seiner Hinrichtung gibt man ihm bekannt, daß er seinen Prozeß in Dresden »ohne die mindeste Einschränkung« gewonnen hat. Seine Pferde sind bereits dickgefüttert, der materielle Schaden muß ersetzt werden, und außerdem hat man dem Junker noch eine zweijährige Gefängnisstrafe aufgebrummt.

Kohlhaas schreitet in völliger Gelassenheit zum Richtplatz und verschluckt kurz vor seiner Enthauptung das Zettelchen aus der Kapsel. Der inkognito angereiste Kurfürst von Sachsen, der schon Pläne geschmiedet hatte, die Leiche wegen der Kapsel zu exhumieren, bricht »in Krämpfen nieder«.

2. DEUTUNG UND KRITIK

Kleists Kohlhaas ist die Tragödie eines Menschen, den sein Rechtsgefühl dazu treibt, entsetzliches Unrecht zu begehen. Soviel weiß jeder, der in Deutschland einmal die Schule besucht hat. Auch wenn man die Geschichte nie gelesen hat, stellt sich doch bei dem Namen Michael Kohlhaas das Gefühl ein, daß man da mal etwas hat läuten hören. Doch die Erinnerung an diese Glockentöne ist selten zuverlässig, und so wurde denn im Bewußtsein der mehr oder weniger gebildeten Öffentlichkeit der Name Kohlhaas zum Synonym für einen rechthaberischen Prinzipienreiter, der wegen irgendeiner Lächerlichkeit am Ende über Leichen geht.

Wer diesem Vorurteil erliegt, verkennt die unerbittliche Dynamik der Katastrophe, in die Kohlhaas hineinschlittert. Daß man ihm zwei Pferde als Pfand abnötigt, weil er einer erfundenen Passierschein-Pflicht nicht nachkommen konnte, ferner: Daß der Junker und seine Komplizenschar die »wohlgenährten Rappen« zu Schindmähren verkommen lassen und seinen Knecht invalide prügeln, nimmt Kohlhaas nur zum Anlaß, in aller Sachlichkeit Schadensersatzklage zu erheben und nach deren schnellem Scheitern einen weiteren Prozeß zu beginnen. Daß auch die zweite Klage im Vorfeld der gerichtlichen Auseinandersetzung niedergeschlagen wird, weil der Junker an den Schaltstellen seine Leute sitzen hat, verbittert Kohlhaas zwar, läßt ihn aber noch nicht zum Racheengel werden. Erst als die Obrigkeit ihn als »unnützen Querulanten« beschimpft, der die Staatskanzlei »mit solchen Plackereien und Stänkereien verschonen« möge, gerät er in blinde Wut, die noch gesteigert wird durch den Tod seiner

Frau, der – wenn auch nur mittelbar – gleichfalls auf das Konto seiner Bedrücker geht.

Das Rechtsgefühl des Helden wird also in dreifacher Weise beleidigt: durch die Willkür des Landjunkers, die Weigerung der Klassenjustiz, dem Opfer Genugtuung zu verschaffen, und schließlich durch die zusätzliche Demütigung des Opfers. Hier zeigt sich, daß seine Hemmschwelle sehr viel höher liegt als etwa die eines Karl Moor. Für Schillers Helden bricht die Weltordnung zusammen, als sein Vater ihn verflucht. Kohlhaas dagegen hätte nicht nur die schamlose Willkür des Junkers und seiner Helfer, sondern auch das Versagen der Justiz in Kauf genommen, vorausgesetzt freilich, letzteres hätte nur auf Schlamperei beruht. Erst die elementare Boshaftigkeit der Vertreter einer Institution, von der er sich Genugtuung erhofft hatte, macht ihn zum Empörer.

Daß er auf seinem Rachefeldzug Unrecht tut, mehr noch, daß er Taten begeht, die jedem Gerechtigkeitsgefühl zuwiderlaufen, ist allzu offenkundig. Es wäre schwieriger gewesen, ihn moralisch wie justiziell zu verurteilen, wenn er sich seiner Feinde punktuell entledigt hätte, statt – wiederum wie Karl Moor – das Blut von Frauen und Kindern zu vergießen.

Immerhin, die Mordbrennerei des Roßhändlers verselbständigt sich nicht, sondern bleibt in all ihrer Perversität noch Instrument zur Wiederherstellung des Rechts: Kohlhaas legt sofort die Waffen nieder und liefert die Beute ab, als er die Zusage erhält, daß sein Fall neu aufgerollt wird. Der Held, der sich »mit einer Art von Verrückung« für den Statthalter des Erzengels Michael hält, steigt also von seinem Thron herab, um das ihm angebotene freie Geleit für einen Zivilprozeß in Anspruch zu nehmen. Das ist zweifellos eine sehr deutsche, sehr preußische Idee, ebenso wie der scheinbar widersprüchliche Sieg der Gerechtigkeit am Ende der Geschichte.

Literaturwissenschaftler haben immer wieder auf den zeitlichen Zusammenhang zwischen der Niederschrift der Erzählung (1808 bis 1810) und der Erhebung der europäischen Völker gegen Napoleon hingewiesen, außerdem auch auf Kleists unbestreitbare Bemühungen, mit publizistischen Mitteln den Widerstand gegen die Fremdherrschaft zu schüren. Aber der Michael Kohlhaas ist kein (auch kein mittelbarer oder verschlüsselter) Aufruf, die Franzosen aus dem Land zu jagen, zumal der Dichter die Kohlhaas'sche Variante des Widerstands gegen die staatlichen Institutionen deutlich verurteilt und seine Haltung zum Widerstandsrecht an sich offen läßt. Aber in der Frage des »ob« läßt er die unterschiedlichen Standpunkte gegeneinander antreten, unter anderem in dem langen Gespräch zwischen Kohlhaas und Luther.

Wenn Lützeler im Nachwort zur Reclam-Ausgabe der Erzählung meint, die Schwierigkeiten ihrer Deutung resultierten »nicht zuletzt aus der komplizierten Verschränkung rechtsphilosophischer Gedanken des Mittelalters, des Absolutismus, der Aufklärung und der Romantik«, so liegt darin eine unnötige Verkomplizierung der Problematik. In allen angesprochenen Stadien der rechtsphilosophischen Entwicklung wurde das Widerstandsrecht fast ausschließlich befürwortet, wobei auch die Begründungen eine frappierende Übereinstimmung aufweisen. Die von Luther, Rousseau und einigen unseligen Nachfolgern, von denen Kleist noch nichts ahnen konnte, mit ganz unterschiedlichen Begründungen eingenommene Gegenposition hatte also rechtshistorisch immer Ausnahmecharakter.

Im Gegensatz zu Millionen von Opfern staatlichen Terrors in unserem Jahrhundert wurde Michael Kohlhaas nicht deshalb verurteilt, weil er sein Widerstandsrecht in Anspruch genommen hatte, sondern zunächst dafür, daß er Unschuldige gemordet hatte, später dann dafür, daß er als Brandenburger mit seinem Kriegshaufen völkerrechtswidrig in Sachsen eingefallen war. Folgerichtig bezeugt er noch in der Hinrichtungsszene dem Kurfürsten von Brandenburg seinen Respekt und vernichtet den vertragsbrüchigen Kurfürsten von Sachsen durch Verschlucken des Zettels.

Der größte Teil der Germanistengilde hat seine Aufmerksamkeit der überaus interessanten Frage gewidmet, ob das Werk eine Erzählung, eine Novelle, eine Chronik oder ein Roman ist. Weithin ist man zu der resignierenden Einsicht gelangt, daß es sich hier um eine einzigartige Gattungsmischung handelt. Aber bitteschön, man kann Michael Kohlhaas auch als Vorläufer des modernen Tatsachenromans ansehen.

Auch thematisch läßt sich das Werk nicht leicht einordnen. Es ist zugleich Kriminalroman, Politthriller, die Story vom Aufstieg und Fall eines Revolutionärs und nicht zuletzt eine juristische Dokumentation.

Ebenso einzigartig ist der Stil, der sich durch eine ungeheure Präzision und Detailgenauigkeit auszeichnet. Der verschlungene Handlungsablauf und die komplexen Gedanken und Äußerungen der handelnden Personen werden so verdichtet, daß sie in ein geradezu gleißendes Licht gerückt sind. Die gesamte Erzählung enthält nicht ein einziges Wort zuviel. Kennzeichnend hierfür ist zum Beispiel die bis ins Unheimliche stilisierte Kanzleisprache der in indirekter Rede wiedergegebenen Argumentation etwa des Prinzen. Zitat: »Denn wenn Notwendigkeit erfordere, den Schleier vor dem Thron der Gerechtigkeit niederzulassen, über eine Reihe von Freveltaten, die unabsehbar wie sie sich forterzeugt, vor den Schranken desselben zu erscheinen, nicht mehr Raum fänden, so gelte das nicht von der ersten, die sie veranlaßt; und allererst seine Anklage auf Leben und Tod könne den Staat zur Zermalmung des Roßhändlers bevollmächtigen, dessen Sache, wie bekannt, sehr gerecht sei, und dem man das Schwert, das er führe, selbst in die Hand gegeben.«

Das Zitat erhellt zugleich die Kehrseite des Werks. Trotz funkelnder Formulierungen wirkt Kleists Filigranarbeit nicht nur anstrengend, sondern auch sehr angestrengt. Die rechtsphilosophischen Grundfragen, die Leidenschaften der Handelnden und die verzwickte Handlung analytisch zu durchdringen, war für den Dichter naturgemäß nicht leicht, und man hat das Gefühl, daß der Text selbst sich diese Anstrengung zu eigen gemacht hat und sie noch immer aus jeder Pore schwitzt. Auch im Stil ist es also ein sehr deutscher Text. Er hat keine Leichtigkeit und keine Heiterkeit, und in ihm ist kein Platz für Humor, Witz oder gar Gelächter.

3. KOHLHAAS 1990

Indem der Vorsteher versetzte, Kohlhaasens Fahrzeug verbleibe als Pfand
in der Werkstatt, bis die 1000 Goldgülden gezahlt, die, wie er wohl wußte,
von seinem Herrn zu einem erklecklichen Teil als Entgelt für den
Anstrich des Wagens, der unbestritten in frischem Glanz erstrahlte, gefor-
dert wurden, obwohl der Künstler eines Achsbruchs wegen sein Gefährt
zur Werkstatt geschafft und eines Wunsches, es möge mit neuem Lack versehen werden, nie Erwähnung getan, sann Kohlhaas ungeachtet eines mit
der gebrechlichen Einrichtung der Welt bekannten Gefühls darauf, sich zu
wehren, dergestalt, daß er zu seinem Fahrzeug vordrang, in ihm Platz
nahm und es soeben in Bewegung zu setzen suchte, als er von den Knechten des Vorstehers ergriffen wurde, die ihn jämmerlich zerprügelten und
fortjagten. Kohlhaas erhob sich, noch immer Blut speiend, von seinem
Lager und wies der Sache den Weg, den das Gesetz vorsieht, dergestalt, daß
er sich an einen Rechtsgelehrten wandte, mit dessen Hülfe er ein Armenrechtsgesuch für eine Herausgabeklage abfaßte und diese bei Gericht ein-
reichte, nicht ohne sie durch einen Strafantrag wegen Körperverletzung
gegen die Knechte des Fahrzeughändlers zu ergänzen. Es verstrichen
Wochen bangen Wartens, bis Kohlhaasens Hoffnungen auf eine irdische
Gerechtigkeit jählings zerstört wurden, dergestalt, daß er einen Gerichts-
beschluß des Inhalts erhielt, sein Armenrechtsgesuch sei mutwillig und
aussichtslos, nicht nur, weil er den Händler anstelle der von ihm vertrete-
nen Handelsgesellschaft verklagen habe wollen, sondern auch, weil die
Herausgabe des Fahrzeugs die Bezahlung desjenigen Teils der Vergütung
zur Voraussetzung habe, die auf die Heilung des Achsbruchs entfalle, von
deren Erfolg der schlechte Kerl freilich Kohlhaas gar keine Mitteilung
gemacht hatte, und einen Bescheid der Staatsanwaltschaft empfing,
wonach die Ermittlungen gegen die Knechte, die ihn zerprügelt, mit der
Begründung eingestellt worden war, sie hätten nur die erforderliche Notwehr gegen seinen widerrechtlichen Zugriff auf das dem Werkunterneh-
merpfandrecht unterliegende Fahrzeug ausgeübt. Kohlhaas beschloß noch
am selben Tage, Werkstatt und Haus des Raubhundes einzuäschern; das
Weitere ist in der Zeitung nachzulesen.

JOHANN WOLFGANG GOETHE

Faust

1. HANDLUNG

Ausgangspunkte der Handlung des zweiteiligen Dramas sind zwei eigenartige Verträge mit Wettcharakter, d.h. mit unterschiedlichen Folgen für zukünftige ungewisse Ereignisse.

Partner des ersten Vertrages sind Gott und Mephistopheles (»Mephisto« genannt). Letzterer entstammt der von Goethe bemühten barocken Vorstellungswelt von himmlischen und höllischen Heerscharen. Er ist nicht der Teufel, sondern nur ein Teufel, der Gott keineswegs ebenbürtig ist, muß er ihn doch um die Erlaubnis bitten, an Faust die nach christlichem Verständnis notwendige Versuchung zu praktizieren. Gott willigt ein, und die beiden einigen sich weiter wie folgt: Wenn Mephisto gewinnt, gebührt ihm der »Triumph aus voller Brust«, und Faust ist verloren für die göttliche Ordnung, die dadurch nicht gestört wird. Wenn er verliert, so hat er einzugestehen, daß er gegen Fausts Vorbestimmtheit nicht ankommt. In diesem Fall soll Fausts Seele weiterhin Gott gehören.

Faust selbst, der an sich den Widerstreit zwischen Streben nach Vollkommenheit und sinnlicher Lebensbejahung diagnostiziert (»Zwei Seelen wohnen, ach! in meiner Brust, ...«), aber sowohl an den traditionellen Wissenschaften als auch an der Magie verzweifelt und die unbefangene Genußfähigkeit seiner Mitmenschen verloren hat, schließt mit Mephisto einen parallelen Vertrag ab:

Mephisto wettet, daß es ihm gelingt, den verkopften Faust so gründlich für irdische Leidenschaften zu begeistern, daß dieser seine Unrast und seinen Ehrgeiz verliert. Wenn's klappt, dann soll Faust ihm gehören. Mephistos Einsatz: Er verschafft Faust alle gewünschten materiellen Mittel, Zugang zur Macht und zu jeglicher Erkenntnis. Scheitert Mephisto, so ist sein Einsatz futsch, d.h. er hat sich umsonst abgemüht.

Fausts anschließende Verjüngung in der Hexenküche bereitet die Gretchen-Tragödie vor, die den ersten Teil des Stücks beherrscht:

Faust hat sich in Gretchen verknallt und bittet Mephisto, eine Affäre für ihn einzufädeln. Gretchen, schwer beeindruckt von Fausts weltmännischem Gehabe, verliebt sich in Faust und läßt sich auf ein Verhältnis mit ihm ein. Doch die Sache ist schnell vorbei. Faust hinterläßt Horror und Verheerung:

Valentin, Soldat und Bruder Gretchens, will sich an dem Manne rächen, der, wie er meint, Gretchen zur Hure gemacht hat, und stirbt unter Fausts Degen. Der Mutter, die nicht Ohrenzeugin nächtlicher Liebesspiele werden soll, wird ein Schlafmittel eingeflößt, doch ach, es ist eine Überdosis. Gretchen schließlich wird schwanger, tötet das neugeborene Kind und stirbt, nachdem sie die Befreiung durch Faust zurückgewiesen hat, den von ihr als erlösend angesehenen Tod durch Henkershand.

Der zweite Teil der Tragödie führt Faust in buntem Szenenwechsel über Hochgebirge und Kaiserhof zur klassischen Walpurgisnacht in der griechischen Antike. Als Idealbild klassischer Schönheit tritt Helena auf. Völlig losgelöst vom historischen Geschehen, wird Helena zum Symbol für die Ästhetik der griechischen Klassik, während Faust – als germanischer Heerführer in Sparta! – die mitteleuropäische Innerlichkeit widerspiegelt. Das Ergebnis der Vereinigung beider Elemente ist der Sohn Euphorion, der, und jetzt sind wir plötzlich im 19. Jahrhundert, im Befreiungskampf Griechenlands gegen die Türken fällt, worauf seine Mutter Helena ihm in den Tod folgt.

Nach einer weiteren Hochgebirgsszene beschließt Faust, sich durch ein vorzeigbares Werk ein Denkmal zu setzen. Er mischt sich in einen Bürgerkrieg ein, wirkt am Sieg des Kaisers mit und bekommt zur Belohnung einen Küstenstreifen zugeteilt, an welchem er durch einen Dammbau fruchtbares Land zu gewinnen versucht. Dabei geht er über Leichen: Die Hütte zweier alter Leute, die dem Projekt im Wege steht, wird niedergebrannt, die beiden Alten sterben. Er knechtet seine Fronarbeiter auf das Übelste. Wie die Mittel, so das Ziel: Mit der Landgewinnung hat er nicht die Verbesserung der Lebensbedingungen der Küstenbewohner im Sinn, sondern seinen höchstpersönlichen Sieg über die Natur.

Doch gerade das Gefühl der Vollendung seines egozentrischen Vorhabens vermittelt ihm das Glücksgefühl, das ihn zum Verlierer der Wette mit Mephisto macht (»Zum Augenblicke dürft' ich sagen: Verweile doch, Du bist so schön!«). Faust fällt tot um, Mephisto wartet auf das Entfleuchen seiner Seele, doch siehe da, der Herrgott nimmt es mit der Erfüllung des Vertrages nicht so genau: Engel schweben herab und entführen »das Unsterbliche« des Helden: »Wer immer strebend sich bemüht / Den können wir erlösen.«

2. DEUTUNG UND KRITIK

Der Faust ist Goethes dramatisches Hauptwerk und besonders durch den zweiten Teil einer der schwersten Brocken der deutschen Literatur. Der Text beschäftigte den Dichter von der ersten bis zur letzten Zeile immerhin sechs Jahrzehnte lang (1772–1831) und vereint deshalb Lebensgefühle und Stilelemente dreier Epochen, nämlich des Sturm und Drang, der Klassik und der Romantik.

Die ungewöhnlich lange Entstehungsgeschichte bedingt eine hohe Vielfalt an metrischen Formen vom fünfhebigen jambischen Stanzenvers mit Kreuzreim über den Alexandriner und den Vierheber bis zum Knittelvers.

Bei nüchterner Betrachtung der poetischen Technik wird man allerdings kaum in Verzückung geraten: Das Versmaß ist bisweilen ziemlich holprig, und mit den Reimen klappt es auch nicht immer so ganz, was sich zum Teil daraus erklärt, daß Goethe nicht hochdeutsch, sondern hessisch dachte (»Natur ist Sünde, Geist ist Teufel / Sie hegen zwischen sich den Zweifel« oder »Begrüßt von Mühmichen Empuse / Der Trauten mit dem Eselsfuße!«).

Wer sich an die Interpretation des Werks heranmacht, tut gut daran, sich das Goethe-Wort zu vergegenwärtigen, daß das Drama »Ein offenes Rätsel bleibe, die Menschen fort und fort ergötze und ihnen zu schaffen mache«. Man tut ferner gut daran, zwei grundsätzliche Unterscheidungen zu treffen, die von den Germanisten oft vernachlässigt werden, nämlich die zwischen horizontaler und vertikaler Interpretationsvielfalt und die zwischen Subjektivisten und Objektivisten.

Das zweitgenannte Begriffspaar gibt es nicht nur in der Literatur, sondern zum Beispiel auch in der bildenden Kunst, in der Philosophie und im Recht. Während die Subjektivisten meinen, man müsse bei jedem Deutungsversuch an das berüchtigte »Was wollte der Dichter uns damit sagen?« anknüpfen, meinen die Objektivisten, daß jedes Werk sich verselbständigt und völlig losgelöst von den Absichten und Inspirationen seines Schöpfers zu betrachten ist. Das führt natürlich zu einer Vergrößerung des Deutungsspielraums.

Die vertikale Deutungsvielfalt bezeichnet die unterschiedlichen Interpretationen im Verlaufe der Wirkungsgeschichte eines Werks, die horizontale dagegen den Meinungsstreit innerhalb einer bestimmten Epoche. Der vertikale Streit ist bestimmt von ideologisch-religiösen Grabenkämpfen. Die Anhänger der Aufklärung rügten den Mystizimus des Dramas, die Romantik tadelte die angebliche Glorifizierung wissenschaftlichen Hochmuts. Die Kirche sah natürlich Unmoral, Gotteslästerung und Materialismus, während der Vormärz den »revolutionären« ersten Teil gegen den »reaktionären« zweiten Teil des Dramas ausspielte.

Der wilhelminische Nationalismus sah dagegen in Faust das ewigdeutsche Wesen verwirklicht: Die titanische Natur- und Tatkraft jenseits von Gut und Böse.

Gegenwärtig sind mehrere Interpretationen auf dem Markt, die natürlich nicht alle im krassen Gegensatz zueinander stehen, sondern sich oft nur durch unterschiedliche Schwerpunktsetzung voneinander unterscheiden. Die vielleicht wichtigsten lassen sich wie folgt skizzieren:

1. Faust ist das Drama eines Empörers, der vierfach scheitert.

   Nachdem ihm die absolute Erkenntnis nicht gelungen ist, will er absolute Liebeserfüllung, doch er richtet nur Gretchen zugrunde. Er wünscht sich – dritter Anlauf – absolute Schönheit, doch Helena stirbt, nachdem sie gesagt hat, »daß Glück und Schönheit dauerhaft sich nicht vereint«. Schließlich versucht Faust, in Besitz und Macht die Erfüllung zu finden, doch als er am Ende sein Glück gefunden zu haben glaubt, leidet er schon unter Blindheit und Wahnsinn.

   Am Ende erfährt er dennoch die göttliche Gnade der Erlösung.

2. Faust ist kein Empörer, sondern ein Knecht Gottes, und zwar als unbewußter Mitverwirklicher göttlicher Vervollkommnungspläne.

Er belädt sich mit Schuld, aber die Sühne bleibt ihm durch das Zusammenwirken von Verdienst und Glück erspart. Sein Verdienst ist das anhaltende Bemühen um die Überschreitung seiner Grenzen, und sein Glück ist die ewige göttliche Liebe, in deren Genuß er kommt.

Die zentrale Textstelle dieser Interpretation ist der berühmte Chor der Engel im fünften Akt des zweiten Teils:

> Gerettet ist das edle Glied
> Der Geisterwelt vom Bösen:
> Wer immer strebend sich bemüht,
> Den können wir erlösen!
> Und hat an ihm die Liebe gar
> Von oben teilgenommen,
> Begegnet ihm die seelge Schar
> Mit herzlichem Willkommen.

3. Faust findet in seinem Absolutheitsstreben nach drei vergeblichen Anläufen (Erkenntnis, Liebe, Schönheit) schließlich in einer den Menschen zugewandten Tüchtigkeit seine Erfüllung (»Auf freiem Grund mit freiem Volke stehen!«). Die Rücksichtslosigkeit seines Vorgehens und sein Machtanspruch treten dahinter zurück.

   Mephisto hat zwar beide Wetten gewonnen, aber Gott erbarmt sich des Sünders.

4. Faust ist das Drama eines rastlosen, hochmütigen und vermessenen Menschen. Sein Unglück besteht in dem zwanghaften Streben nach dem Absoluten. Er überschätzt seine Fähigkeiten und stürzt dadurch andere und sich selbst ins Unglück. Ungeachtet seiner glücklichen Erlösung nach seinem Tod hätte er im Diesseits durch Zurückschrauben seiner Ansprüche an sich und andere sein Glück verwirklichen können.

Was der Deutschlehrer dagegen auf keinen Fall hören will, ist die auch nicht gerade völlig abwegige Auffassung, daß Mephisto, dem übrigens selbst der HERR nahezu wohlgesonnen ist (»Von allen Geistern, die verneinen, ist mir der Schalk am wenigsten zur Last«), die einzige sympathische Figur des Dramas darstellt: Er ist zuverlässig, intelligent, witzig, nicht ohne Edelmut und schließlich auch – im Gegensatz zu Gott – vertragstreu.

3. FÄUSTLING

Verworfener Entwurf aus Teil 2, fünfter Akt der Tragödie
oder: Sympathy for the devil

(*Faust liegt im Sterben und läßt sein Leben Revue passieren. Mephisto steht
daneben und kommentiert Fausts Litanei ad spectatores.*)

Faust. Habe nun, ach, die Sauferei
Das Vögeln und das Lotterleben
Genossen – doch 's ist einerlei
Denn hohem Ziel galt stets mein Streben

Zwar sagt ich grad zum Augenblick
»Verweile doch, du bist so schön«
So daß – das war Mephistos Trick –
Er harrt, daß ich die Seele löhn'

Doch wenn der Teufel, dieser fiese
Mit Gott und Mensch die Seelen-Wetten
Schließt in einer Seelen-Krise
Dann kann er sie daran nicht ketten.

Mephisto. Aha, ich soll also geleimt werden.

Faust. Und überhaupt, es war der Teufel bloß
Hält sich an nichts, mal hüh, mal hott
Drum sag ich vom Vertrag mich hiermit los
Und mein Unsterbliches gebühret Gott.

Mephisto. Na, so eine linke Bazille! Ich hab mir den Arsch aufgerissen,
ihn glücklich zu machen. Aber schaffen Sie das mal auf
Anhieb bei einem Schwerintellektuellen!

Faust. Wollt er mich mit der Welt versöhnen?
oh nein – ihm ging es um die Qual
Wollt Leib und Seele nur verhöhnen
Mein Glücksmoment war nicht nach seiner Wahl.

Mephisto. Kanalwechsel! Der tickt ja nicht sauber! Gehätschelt habe ich ihn! Alle Register gezogen, um ihn froh zu machen! Und schließlich habe ich es geschafft. Also her mit seiner zarten Seele!

Faust. Tierisches Saufen
In Auerbachs Keller
Und gräßliches Raufen
Man trank immer schneller
Verschiedenste Weine
Und dann nach den Zechen
Versagten die Beine
Und ich mußte brechen.

Mephisto. Er wechselt das Versmaß, lügt aber immer noch: Er war gut drauf und hat überhaupt nicht gekotzt.

Faust. Damit an Schmerz und Schuld ich leide
Flößt er den Zaubertrank mir ein
Gibt mir 'ne Kiste mit Geschmeide
Und feixt: »Bald ist das Gretchen dein.«

Mephisto. In den Ohren hat er mir gelegen mit der Göre. Ich sag noch: Faust, Du bist pervers – 'ne Fünfzehnjährige! Aber nein, ich sollte unbedingt was einfädeln.

Faust. Schwängern mußt' ich die arme Maid
Auch der Mutter Tod hat Mephisto verbrochen
Ach, er brachte uns allen nur Leid
Zum Schluß habe ich noch den Bruder erstochen.

Mephisto. Ob bei der Schlaftinktur oder in der Liebe – immer mußte unser Fäustling ein paar Tropfen zuviel reinlaufen lassen. Und jetzt bin ich's natürlich gewesen. Genau wie bei Valentin: Dabei hat der angefangen, und Faust hat ihn erledigt.

Faust. Derweil er die Sinne hat abgelenkt
Durch die Orgien der Walpurgisnacht
Hat die Geliebte ihr Kind ertränkt
Und das Halsgericht ihr den Prozeß gemacht.

Befreien wollt ich sie aus dem Kerker
Doch Wahnsinn hinderte sie am Fliehen
Der Teufel war wieder einmal stärker
So mußt' ich alleine von hinnen ziehen

Mephisto. Soviel Selbstgerechtigkeit bricht selbst einem Teufel fast das Herz. Respekt vor der Kleinen: Die war bereit zu zahlen! Da war für mich nichts zu holen. Ich wollt' sie ja raushauen. Aber typisch Fäustling: Wenn er was verbockt hat oder was schief läuft, beschimpft er mich.

Faust. Grausam hat er mir mitgespielt!
Mein einz'ges Begehren war Helena
Doch er schuf ein Trugbild ganz gezielt
Und als ich sie griff, war sie nicht mehr da.

Mephisto. Er konnte ja seine Pfoten nicht weglassen, dieser Grapscher!

Faust. Im Zeitmaschinen-Mummenschanz
Floh Helena auf meine Festung
Ich hoffte schon, Mephisto kann's –
Dann folgte meines Herzens Läst'rung
Die war ja statt aus Fleisch und Blut
Nur 'ne ästhetische Idee
Das fand ich aber gar nicht gut
Und sagte zu Mephisto: Nee.

Mephisto. Dieser Banause! Ich will ihm die klassische Kultur nahebringen, und er denkt wieder nur ans Bumsen!

Faust. Dann schickte er mich ins Gefecht
Damit ich mich dort schwer verwunde
Allein – ich schlug micht gar nicht schlecht
Mein Sieg war bald in aller Munde.

Mephisto. Zum Ruhm wollte ich ihm verhelfen, dem kleinen Angeber. Ich habe mal wieder die Drecksarbeit gemacht, und er hat abgeharkt.

Faust. Der Kaiser gab mit des Reiches Strand
Ich baute Hafen, Damm und Kanal
Alles meins! Nur auf dem Hügel stand
Ein Hof mit Kapelle – den wollt ich nun mal!
Ich hab den Bewohnern Ersatzland geboten
Großzügigen Lohn immer wieder verkündet
Doch Mephisto und seine Chaoten
Ham nur gemordet und angezündet.

Mephisto. Hund! Wir sollten die Alten deportieren. Die fallen vor Schreck tot um, und er wäscht mal wieder seine Hände in Unschuld.

Faust. Gleichviel, jetzt konnt ich mein Werk besehn
Auf freiem Grund mit freiem Volke stehn ...

Mephisto. Das gefiel ihm: Sklavenhalter sein und aufgeklärten Absolutismus spielen. Da hätte ich eher drauf kommen müssen. Na, gewonnen ist gewonnen.

(*Himmlische Heerscharen erscheinen, rosenstreuend.*)

Mephisto. Ach du Scheiße, der Chef! (*Nach oben.*) Chef, ich hab doch gewonnen, er gehört mir!

Stimme von oben. Keep cool, Baby. Ich will ihm nur einen Heiligenschein für die Literaturgeschichte verpassen, dann kannste ihn wiederhaben.

HEINRICH HEINE

Die Harzreise

1. DIE GESCHICHTE

Die Harzreise ist eine autobiographische Episode aus dem Leben des Dichters, der, wegen eines Duells der Universität verwiesen, eher erleichtert als gedemütigt nach mehrjährigem trübem Jurastudium das miefige Göttingen des Jahres 1823 verläßt, um wieder freie Luft zu atmen:

> Lebet wohl ihr glatten Säle,
> Glatte Herren! Glatte Frauen!
> Auf die Berge will ich steigen,
> Lachend auf euch niederschauen.

Heine hat die Nase voll von »Dissertationen ... Guelfenorden, Promotionskutschen, Pfeifenköpfen, Hofräten, Justizräten, Relegationsräten, Profaxen und anderen Faxen.«

Insbesondere die Jurerei hat ihn veständlicherweise schwer mitgenommen. Ein »zärtliches Liebespaar, das unter einem Baume saß, hielt ich gar«, so spottet er, »für eine Korpusjurisausgabe mit verschlungenen Händen«, also für eine verstaubte Fallsammlung des oströmischen Kaisers Justinian, mit der man Jurastudenten noch heute nerven darf.

Er wendet sich nach Norden in Richtung Bovenden, Nörten und Northeim. Einspänner mit Studenten ziehen vorüber, Heimkehrer, Neuankömmlinge und die Freier einer Hure in Rauschenwasser. In Northeim empfiehlt er im Wirtshaus drei boshaft karikierten Reisenden, die ihn nach einer Herberge in Göttingen fragen, das Hotel de Brühbach. Die Genasführten ahnen nicht, daß das der Uni-Karzer ist.

Nachts kommt Heine in Osterode an. Die Juraprofessoren verfolgen ihn in seinen Alpträumen, bis er von Herdenglocken geweckt wird. Er bricht auf und wandert bergauf nach Clausthal, findet sentimentale Weggefährten, zieht vorbei an einem Dorf mit »weißen Mohren« (Albinos) und begegnet Kindern, die aus der Schule kommen. Er läßt sich von einem der Jungs den Königlich Hannöverschen Katechismus zeigen und stellt fest, »daß das Einmaleins, welches doch mit der heiligen Dreiheitslehre bedenklich kollidiert, im Katechismus selbst, und zwar auf dem letzten Blatte desselben, abgedruckt ist und die Kinder dadurch schon frühzeitig zu sündhaften Zweifeln verleitet werden können.«

Gleichwohl gibt es Ereignisse, ja ganze Lebensbereiche, vor denen seine Spottlust haltmacht. Heine besucht die Bergleute von Clausthal und ist geradezu ergriffen von ihrer Lebensweise, ihren Liedern, ihrer Herzenswärme. Er wandert weiter in Richtung Goslar und gibt sich einer naivromantischen Naturschwärmerei hin.

Die Grundmotive wiederholen sich, allerdings auf höchst unterhaltsame Weise.: In Goslar mißfällt ihm das Straßenpflaster, »holprig wie ein Berliner Hexameter«. Er betört flüchtig ein Mädchen, wird im Traum wieder von einem Professor gequält, diesmal einem Philosophen mit »transzendentalgrauem Leibrock«, und zieht seine gelegentlichen Reisebegleiter durch den Kakao.

Höhepunkt der Reise ist die Besteigung des Brockens, also des in der Ex-DDR liegenden höchsten Berges im Harz, die Nacht im Brockengasthaus, die der Wanderer mit anderen fröhlichen Zechern, die meist dem studentischem Milieu entstammen, verbringt, und schließlich der nächste Morgen mit seinem Sonnenaufgang.

Der Brocken verkörpert für ihn das deutsche Wesen. Mit deutscher Gründlichkeit zeige er ein Riesenpanorama, und er habe auch »so etwas Deutschruhiges, Verständiges, Tolerantes.«

Verkatert steigt der Dichter wieder bergab, hinein in das liebliche Ilsetal, um von dort aus zu guter Letzt den Ilsenstein zu erklimmen, an dessen Gipfelkreuz der fragmentarische Reisebericht mit einer herrlich bitteren Anspielung auf Heines Konvertierung vom jüdischen Glauben zum Christentum – Voraussetzung für die Erlangung der Bürgerrechte in Preußen – endet: »... und ich sicher, vom Schwindel erfaßt, in den Abgrund gestürzt wäre, wenn ich mich nicht in meiner Seelennot ans eiserne Kreuz festgeklammert hätte. Daß ich, in so mißlicher Stellung dieses letztere getan habe, wird mir gewiß niemand verdenken.«

2. ANMERKUNGEN

Für heutige Leser stellt sich die Harzreise als eine faszinierende Mischung aus romantischem Gefühlsüberschwang und erbarmungsloser politischer Satire dar. Wer nicht zu Unrecht glaubt, daß ein größerer Gegensatz kaum denkbar ist, steht staunend vor der stilistischen und gedanklichen Geschlossenheit des Reiseberichts, einer Geschlossenheit, die sich paradoxerweise nicht einer Verschmelzung verschiedener Ebenen verdankt, sondern der Sichtbarmachung von Brüchen und des Wechsels der Reflexionsebenen. Dadurch bekommt das Ganze eine noch heute nachwirkende Frische. Typisch ist etwa das Umkippen eines romantischen Motivs in Spott:

»Silberne Wasser brausten, süße Waldvögel zwitscherten (...) die mannigfaltig grünen Bäume wurden von der lieben Sonne goldig angestrahlt, und oben war die blauseidene Decke des Himmels so durchsichtig, daß man tief hineinschauen konnte, bis ins Allerheiligste«, tja, an dieser Stelle hätte etwa Eichendorff den Satz enden lassen, aber wir sind bei Heine, und der fährt fort: »... wo die Engel zu den Füßen Gottes sitzen und in den Zügen seines Antlitzes den Generalbaß studieren.«

Oder der Sonnenuntergang auf dem Brocken: »Es war, als ständen wir, eine stille Gemeinde, im Schiffe eines Riesendoms, und der Priester erhöbe jetzt den Leib des Herrn, und von der Orgel herab ergösse sich Palestrinas ewiger Choral. Während ich so in Andacht versunken stehe, höre ich, daß neben mir jemand ausruft: »Wie ist die Natur doch im allgemeinen so schön!« Diese Worte kamen aus der gefühlvollen Brust meines Zimmergenossen, eines jungen Kaufmanns. Ich gelangte dadurch wieder zu meiner Werkeltagsstimmung.«

Zahlreiche Anspielungen Heines sind zeitgebunden, aber andere funkeln auch heute noch mit zeitlosem Glanz aus seinem Werk. Der »Wirt mit seinem langen, überflüssigen Gesichte«, wer kennt ihn nicht, ihn und die anderen Philister? Oder wer wollte Heine nicht recht geben, wenn er die majestätische Nachsicht der Natur so beklagt: »Sogar den schwarzen, noch ungehenkten Makler, der dort mit seinem spitzbübischen Manufakturwaren-Gesicht einherläuft, bescheint die Sonne mit ihren tolerantesten Strahlen.« (Der solcherart Angegriffene wurde übrigens später auf offener Straße gegen Heine handgreiflich, woraus sich ergibt, wie vielgestaltig das Berufsrisiko der Satiriker ist.)

Auf der anderen Seite ist da der Ton zartfühlender Ergriffenheit, sei es in der essayistischen Einlage über die Bedingtheit des deutschen Märchens durch Ruhe, Phantasie, Naturverbundenheit und ein »tiefes Anschauungsleben«, oder sei es in den zahlreichen eingestreuten Gedichten, die ihren lebendigen, vorwärtstreibenden Charakter dem vom Heine perfektionierten Kreuzreim verdanken.

Wie alle Lyriker idealisiert Heine hemmungslos die Frauen – jedenfalls die jungen und schönen – aber dieser Zug blitzt in der Harzreise nur zweimal ganz kurz auf, einmal, als er in Goslar ein Mädchen küßt, diese »süße, durchsichtige Verkörperung von Sommerabendhauch, Mondschein, Nachtigallenlaut und Rosenduft«, und dann noch einmal, als ihn der Sonnenaufgang auf dem Brocken zu einem Gedicht auf die flüchtig Geküßte inspiriert, zu vier Vierzeilern von makelloser Behutsamkeit.

Heine wäre jedoch nicht Heine, wenn nicht beiden Episoden der spöttische Nachhall folgte. Von der Geküßten scheidet er lachend, weil die bewährte Taktik (Ankündigung der unmittelbar bevorstehenden Abreise auf Nimmerwiedersehen) mal wieder hingehauen hat, und die Ergriffenheit im Brocken-Gedicht weicht der »Sehnsucht nach einem Frühstück«.

An anderer Stelle wird er gleich saufrech und nimmt die deutsche Philosophie auf die Schippe.

Als erstes geißelt er den Klassifizierungs- und Differenzierungsfimmel von Immanuel Kant. Ein Philosophengespenst erscheint ihm im Schlaf, zitiert aus der »Kritik der reinen Vernunft«, schlußfolgert wild drauflos und beweist, daß es keine Gespenster gibt, während die Zähne des Träumenden »wie Kastagnetten« klappern.

Dann veralbert er den teleologischen Gottesbeweis von Gottfried Wilhelm Leibniz: »Ich ... fügte hinzu, daß Gott das Rindvieh erschaffen, weil Fleischsuppen den Menschen stärken, daß er die Esel erschaffen, damit sie den Menschen zu Vergleichungen dienen können, und daß er den Menschen selbst erschaffen, damit er Fleischsuppen essen und kein Esel sein soll.«

Und schließlich kriegt Hegels blutleerer, abstrakter Idealismus auch noch sein Fett ab: »... wie wir unsere Köpfe apothekenartig mit tausend

Schubladen versehen, wo in der einen Vernunft, in der andern Verstand, in der dritten Witz, in der vierten schlechter Witz und in der fünften gar nichts, nämlich die Idee, enthalten ist.«

Am Ende legt er sich mit der Romantik an. Das mag widersinnig klingen, denn auch wenn Heine gemeinhin zum »Jungen Deutschland« gezählt wird, einer literarischen Strömung, die wieder politisches Engagement zeigte, so sind doch die romantischen Elemente in seinem gesamten Werk, auch und gerade in seiner Lyrik, überdeutlich. Heine ist, wo er nicht gerade politisiert, einer der hervorragendsten Vertreter der Romantik; doch es waren gerade die Besten dieser Literaturepoche, die erkannten, wie sehr sich die romantischen Gefühlswallungen zur Verspottung eignen. Heine treibt es naturgemäß auf die Spitze: In der Brockenherberge werden zwei elegische Freunde von einem Berserker in den Schrank geschoben, und da sie hackevoll sind, endet die Elegie so: »... aus dem Hals strömte ihnen der edle Rotwein, sie überschwemmten sich wechselseitig, und der eine sprach zum andern: »Lebe wohl! Ich fühle, daß ich verblute. Warum weckst du mich, Frühlingsluft? Du buhlst und sprichst: ich betaue dich mit Tropfen des Himmels. Doch die Zeit meines Welkens ist nahe ...«, und in diesem Stil romantisiert der Überkotzte weiter.

Heines treffsichere Spottlust ging in Deutschland nicht in Serie. Die Harzreise, sein erstes Prosastück, blieb ein Unikat, wenngleich sich natürlich ein paar zu Recht vergessene Epigonen einfanden. Erst ein Jahrhundert später wurde sein Niveau wieder annähernd erreicht, und zwar durch Leute wie Karl Kraus, Kurt Tucholsky, Erich Kästner und, einzig unter den Nachkriegsautoren, Eckhard Henscheid. Gelegentlich trauen sie sich auch einzugestehen, daß sie gleichfalls Romantiker sind.

3. DIE HARZREISE VON 1990

> Hört zu, ihr traurigen Studenten
> Spagat- und Schmalspurprofessoren
> Ihr Bürokraten, ihr verpennten
> Jetzt hau ich euch was um die Ohren!

Die Stadt Göttingen, berühmt durch ihre Würste und Universität, ferner durch ihre universitären Würstchen, hatte vor einigen Jahren endlich die Kühnheit, drei Gebäude zustandezubringen, welche die Kirchtürme überragen. In diesen drei Häusern werden etwa 30.000 Studenten und ungefähr 100.000 Eingeborene emsig verwaltet, außerdem noch ein knappes Tausend Hochschullehrer, die sich vor der Lehre drücken um der Forschung willen und vor der Forschung um der Nebeneinkünfte willen. Die Verwaltung funktioniert glänzend. Sie hat alle benachbarten Dörfer in »Stadt Göttingen« umgetauft, die Straßen so ausgeschildert, daß man ohne bußgeldbewehrte Machenschaften nicht mehr herausfindet, und die Leine, welche allgemein für den Leinekanal gehalten wird, aus der Stadt in einen Kanal verbannt, der allgemein für die Leine gehalten wird. Von den Anglern, die aus Verzweiflung in dieses Wasser gegangen sind, ist noch keiner gestorben, denn die Universität verfügt über eine weithin berühmte Hautklinik.

Die Stadt enthält außerdem eine Brauerei, deren Produkte ich auch am Morgen danach noch für genießbar halte, vorausgesetzt, ich habe um Mitternacht einen Riegel Kopfschmerztabletten eingeworfen, und einen Fußballverein, der sich seit Jahren um den Aufstieg von der Nettoliga in die 2. Bundesliga bemüht, was schon deshalb nicht klappen kann, weil der Schlachtruf seiner Anhänger, ein in Moll gestöhntes »Nuuuull-füüüünf« der traurigste des deutschen Sprachraums ist.

Wer von den Göttingern einigermaßen fehlerfrei reden, lesen und schreiben kann, ohne im Stadtrat, in einem der ungezählten Universitätsgremien, in einem der ungezählten sonstigen Gremien, in einer Redaktion, einem Verlag, einer Chefetage, einer Frauengruppe oder einer Gefängniszelle zu sitzen, befriedigt sein Mitteilungsbedürfnis dadurch, daß er Häuserwände besprüht.

Aus den in schwarzer Farbe geschriebenen Losungen ergibt sich zwingend, daß Türken und Polen dabei sind, das gesamte Land mit allem lebenden und toten Inventar unter sich aufzuteilen. Schöne Aussichten. Zusätzlich überzeugte mich die Lektüre der in roter Farbe gehaltenen Wandparolen an einem lauen Sommerabend endgültig davon, daß es in Nicaragua um die Wahrung der Menschenrechte besser bestellt ist als in der BRD, sodaß ich am nächsten Morgen vor potentiellen Häschern und Folterknechten provisorisch in den Harz zu entfliehen gedachte, um dort in aller Ruhe zu überlegen, wie ich mir das Flugticket nach Managua würde zusammensparen können, wo das Risiko, Weib und Kind und Hab und Gut dereinst an Polen und Türken zu verlieren, sicherlich noch verhältnismäßig gering ist.

Allein, mein Käfer war zwangsabgemeldet, mein Fahrrad geklaut, der Bahnhof zu weit. Tramper gelten bekanntlich als Asylanten, und ich hasse es, mir von vollgefressenen Mittelständlern den Finger zeigen zu lassen. So entfiel auch diese Möglichkeit. Wandern kam erst recht nicht in Frage, weil ich mich mit meinen Knick-, Spreiz-, Senk-, Platt- und Schweißfüßen schon in der Innenstadt ständig verlaufe.

Verängstigt und völlig auf mich allein gestellt, begab ich mich an meine Schreibmaschine und schrieb nieder, wie sich meine Harzreise abgespielt hätte, wenn es mir vergönnt gewesen wäre, sie zu unternehmen.

JOSEPH EICHENDORFF

Aus dem Leben eines Taugenichts

1. DIE GESCHICHTE

Der Titelheld, dessen wirklichen Namen man übrigens nie erfährt, wird von seinem Vater wegen Faulheit »Taugenichts« genannt und eines schönen Frühlingstages hinausgeworfen. Schon nach kurzer Wanderschaft in Richtung Süden lesen ihn zwei Damen auf, die ihn per Kutsche zu einem Schloß an der Donau bringen, wo er als Gärtnerbursche eingestellt wird und wenig später die Stelle des Wegezolleinnehmers ergattert.

Durch seine freundlich-naive Wesensart, seinen Gesang und sein Geigenspiel gewinnt er schnell die Gunst etlicher Damen. Er verliebt sich in ein Fräulein, das er in unverwüstlicher Ehrfurcht die »schöne junge gnädige Frau« nennt und als »vielschöne hohe Fraue« besingt. Da sie eines Abends neben dem Sohn des Grafen auf dem Balkon des Schlosses erscheint, um sich von den Bewohnern feiern zu lassen (»Vivat!«), hält er sie für die Tochter Flora des Schloßherrn. Unerreichbar scheint sie ihm, und so macht sich der verliebte Held wieder auf die Wanderschaft in Richtung Italien.

Eines Nachts wird er von zwei vermeintlichen Räubern überfallen, die ihn am nächsten Morgen als den Einnehmer vom Schloß erkennen und sich selbst als die Maler Leonhard und Guido ausgeben. Zu Pferde setzen die drei ihre Reise fort. Der Taugenichts wird zu seinem Erstaunen neu eingekleidet und findet eines Morgens in seinem Herbergszimmer einen Beutel Geld, den ihm die Maler hinterlassen haben. Sie selbst sind verschwunden. Eine bereitstehende Kutsche bringt unseren Helden in rascher Fahrt tief nach Italien hinein und am Ende gegen seinen Willen in ein abgelegenes Waldschloß, wo er wie ein prominenter Gefangener behandelt wird. Der Müßiggang im Schloß wird sogar ihm zu viel, und als er schließlich einen Brief von seiner angebeteten Aurelie bekommt, in dem er angefleht wird zurückzukehren, flieht er und schlägt sich nach Rom durch.

Dort macht er die Bekanntschaft weiterer zwielichtiger Maler. Von einem erfährt er, daß eine deutsche Gräfin dagewesen sei, die zwei Maler und einen Geiger gesucht habe. Der Zettel einer Kammerjungfer soll ihn auf die richtige Spur führen, doch statt der schönen jungen gnädigen Frau trifft er eine »mächtige Dame mit einer stolzen Adlernase« und erfährt, die Gesuchte sei schon lange wieder in Deutschland. Er macht sich auf den Rückweg, schließt sich drei Prager Studenten an, die sich mit ihrer Blasmusik durchschlagen, und landet nach einer beschwingten Donaureise wieder im Schloß, wo ihn die Auflösung aller Rätsel und Wunderlichkeiten erwartet:

Maler Leonhardt ist in Wahrheit ein junger Graf und Guido in Wirklichkeit seine Braut, die Tochter der Schloßherrin. Leonhardt hatte sie aus der »Pensionsanstalt« entführt, um sie in eines seiner italienischen Schlösser zu bringen. Sinn der Aktion: Ein anderer Bewerber sollte außer Gefecht gesetzt werden. Da aber nun der Konkurrent um Floras Gunst den beiden folgte, hetzte Leonhardt ihn auf die falsche Fährte, nämlich die des Helden. Sowohl die Verfolger als auch die Leute im italienischen Waldschloß hielten deshalb den Taugenichts für eine verkleidete Flora (auch Aurelie, die den vermeintlichen Liebesbrief an ihre Gespielin geschrieben hatte), während sich Leonhardt in Rom mit seiner künftigen Schwiegermutter aussöhnte und in Familienbegleitung (incl. Aurelie) nach Hause zurückkehrte.

Vor lauter Dankbarkeit schenkt der frischgebackene Bräutigam dem Helden und seiner Aurelie »das kleine weiße Schlößchen« in der Nachbarschaft, und dann stellt sich auch noch heraus, daß Aurelie gar keine Grafentochter ist, sondern ein von der gräflichen Familie aufgenommenes armes Waisenkind. Nachdem nun unzweifelhaft auch die richtige Standesordnung hergestellt ist, steht dem Eheglück nichts mehr im Wege – »und es war alles, alles gut!«

2. DEUTUNG UND KRITIK

Unter den wenigen literarischen Dokumenten der Spätromantik, die heute noch gelesen werden, ist der Taugenichts das bekannteste. Zu seinem Verständnis ist es erforderlich, einen Blick auf die Frage zu werfen, was Romantik eigentlich ist.

Grob gesagt handelt es sich um eine literarische Bewegung, die im ersten Viertel des 19. Jahrhunderts dominierte. Dabei darf zweierlei nicht übersehen werden:

Schon zur Zeit der Klassik, also in den letzten anderthalb Jahrzehnten des 18. Jahrhunderts, gab es romantische Unterströmungen (repräsentiert vor allem durch Novalis), und als die Romantik die literarische Szene beherrschte, existierten Romantik, Klassik, Junges Deutschland und aufkommendes Biedermeier gleichzeitig neben- und gegeneinander.

Im Ausland wird die Romantik gar als eine Epoche angesehen, die von 1770 bis 1830 reichte, was insofern nicht völlig abwegig ist, als sie den etwa in Goethes Werther zum Ausdruck kommenden Gefühlsüberschwang des Sturm und Drang wieder aufnimmt, und der ist in der Tat das wesentliche Merkmal der Romantik.

An die Stelle der Vernunft tritt das Gefühl als wesentliches Wahrnehmungs- und Beurteilungsinstrument. Beinahe zwangsläufig führt das zu Liebes- und Weltschmerz, zu Fernweh und Versenkung in die Natur. Im scharfen Gegensatz zum Sturm und Drang ist die Romantik völlig apolitisch, aber leider nicht frei von Merkmalen, die fatale politische Folgen haben können und gehabt haben. Der Romantik ist nämlich – vor allem bei Novalis, aber auch bei Eichendorff – eine wahre Todessehnsucht eigen, eine Neigung, sich den dunklen Mächten wollüstig an den Hals zu werfen. Das wird etwa deutlich in den düsteren Phantasien der Hauptfigur in Eichendorffs »Ahnung und Gegenwart« von 1815, mit denen der heitere Dichter des Taugenichts erkennbar sympathisiert (zitiert nach G. Craig): »Gespenster wandeln wieder durch unsre Nächte (...) Im Kampfe sind wir geboren, und im Kampfe werden wir, überwunden oder triumphierend, untergehn. Denn aus dem Zauberrauche unserer Bildung wird sich ein Kriegsgespenst gestalten, geharnischt, mit bleichem Totengesicht und blutigen Haaren.«

Soziologisch betrachtet ist die Romantik die Antwort auf die bürgerliche Machtlosigkeit angesichts des preußischen Absolutismus, napoleonischer Fremdherrschaft und Restauration im Anschluß an den Wiener Kongreß. Folgerichtig verlief sich die Romantik zwischen 1830 und 1848.

Der Taugenichts artikuliert die romantische Wander- und Reiselust, und zwar in der traditionsreichen und heute noch lebendigen Form der Italiensehnsucht. In der Erzählung erleben wir den im doppelten Sinne reinen Menschen: Der »Held« ist naiv, harmlos und kindlich fromm, zugleich aber auch frei, d. h. ohne Bindungen durch Familie, Arbeit, Eigentum und Behördenwillkür. Und diese Freiheit ist beim Dichter eindeutig positiv besetzt, woraus sich ergibt, daß hier ein Glücksbegriff propagiert wird, der ganz anders ist als etwa der des Biedermeier, der die Spätromantik überlagert. Damit wird der Roman ein Gegenentwurf zur bürgerlichen Erwerbswelt – allerdings ein folgenloser, denn die Geschichte ist so unwirklich, daß der Taugenichts nicht zur Identifikationsfigur für den Leser selbst, sondern allenfalls für seine geheimen Sehnsüchte taugt. Gerade diese Unwirklichkeit ist der romantische Gegenentwurf zur bürgerlichen Erwerbswelt. Die Haltung des lesenden Publikums zum Taugenichts deshalb bis heute widersprüchlich, ähnlich wie das Verhältnis zu den zeitgenössischen Aussteigern, denen sich freilich keine geschenkten Schlösser andichten lassen.

Stilistische wie inhaltliche Märchenelemente sind, wie so oft in der Romantik, unübersehbar:

Der Taugenichts zieht los wie Hans im Glück, er begegnet einer Art von verkapptem Prinzen, trifft Räuber und Hexen, tummelt sich auf verwunschenen Schlössern, hat jede Menge Gottvertrauen und heiratet am Ende seine Liebste. Der letzte Satz (»und es war alles, alles gut!«) ist nur eine Variante des Grimmschen »Und wenn sie nicht gestorben sind ...«.

Weit anspruchsvoller sind einige der eingestreuten Lieder, besonders das vom Dichter an zwei Stellen eingesetzte Nachtlied, das einige Zeilen von schmelzend-schmalziger Schönheit enthält (»Alte Zeiten, linde Trauer / Und es schweifen leise Schauer / Wetterleuchtend durch die Brust«).

Dennoch, der deutsche Märchenton überwiegt, und der ist nun einmal für die Heutigen nur noch als Satire zu ertragen. Spannender als ein schlichtes Märchen wäre eine Aussteigergeschichte gewesen, in der der Held mit der trüben Wirklichkeit konfrontiert und nicht von der Aristokratie protegiert wird. Aber das ist typisch romantisch: Die politische Welt ist heil oder bestenfalls gleichgültig. Geschluchzt wird aus anderen Gründen.

3. TAUGT NICHTS

Das Posthorn war nur noch von fern zu hören und die Staubwolke der Kutsche zerfiel. Ganz still wurde es im finstern Wald. Die Nachtigall schlug nicht an, der Hoppevogel schwieg. Auch Pilze und Regenwürmer ließen nichts von sich hören. Die Saiten meiner lieben Geige rutschten die Wirbel hinab und seufzten vor Melancholie. Wie weh ward mir ums Herz! Meine schöne junge gnädige Frau so fern! Und ich so einsam!

Und weil ich nichts weiter zu tun hatte, ließ ich mich ins Laub fallen, biß in den Moder und weinte bitterlich. Da ertönt mit einemmal eine finster grollende Stimme. Ich wandte mich um. Über mir stand ein bärtiger Förster im grünen Kamisol, der mich verdrüßlich anschielte.

»Beweg Er seinen Allerwertesten, Er Faulenzer«, raunzte er. »Er will wohl Pilze klauben, aber das versuche er nicht mit mir, dem Förster vom Silberblick.«

Ich rappelte mich hoch und floh transpirierend durch den dichten Tann. Die Einhörner stoben erschrocken davon. Endlich sah ich im Tal die Türme einer Stadt. Ich ging hinab auf den ersten Platz und kühlte mir die Stirn an der Wasserkunst. Dann holte ich das Schild mit der Inschrift »Taugenichz auf der durchraise habe hunger und Durs« aus dem Ranzen, sah all die klugen Leute an, die vorüberflanierten, und sang so recht aus voller Brust und Lust:

Ach ihr holden gnädgen Frauen
Hört das romantische Genie
Ihr solltet mir ein Schlößchen bauen
Wenn nicht, muß ich Pasteten klauen
Und leben wie das liebe Vieh

An euer Faulbett möcht ich schleichen
Was scheren mich der Welt Probleme?
Und dann die liebe Geige streichen
Munter euer Herz erweichen
Auch wenn die Kammerjungfer käme!

Als ich mir, wieder am Brunnen, das Eigelb aus den Haaren spülte und die geschwollene Wange kühlte, faßte ich den festen Entschluß, nie wieder eine Stadt zu besuchen, in der die Leute lesen und schreiben können.

GEORG BÜCHNER

Woyzeck

1. HANDLUNG

Franz Woyzeck ist Offiziersbursche und von bescheidener Intelligenz. Überdies leidet er unter wiederkehrenden Wahnvorstellungen.

Von niemandem so recht ernstgenommen und von einem Doktor für zweifelhafte medizinische Experimente – etwa die ausschließliche Ernährung mit Erbsen – mißbraucht, findet Woyzeck nur bei seiner Lebensgefährtin Marie Wärme und Zuneigung. Mit Marie hat er ein kleines Kind.

Doch das bescheidene Idyll zerbricht. Marie lernt den Tambourmajor kennen und verfällt ihm. Zwar hängt sie auch an Woyzeck, der all sein sauer verdientes Geld bei ihr abliefert und sich in rührender Fürsorge dem Kind zuwendet, doch die Sinnlichkeit ist stärker. Woyzeck spürt, daß er betrogen wird. Sein Verdacht wird nach einigen hämischen Hinweisen des Hauptmanns und in einer Szene, in der er Marie und den Tambourmajor beim leidenschaftlichen Tanz im Wirtshaus sieht, zur Gewißheit. Die Stimmen, die Woyzeck hört, werden eindringlicher, besonders nachdem der Tambourmajor ihn bei einer Wirtshausrangelei besiegt und anschließend verspottet hat.

Woyzeck kauft sich ein Messer. Er verteilt seinen kümmerlichen Besitz und verstrickt sich weiter in Wahnvorstellungen. Seinem schlichten Kameraden Andres wird er immer unheimlicher.

Eines Abends holt Woyzeck Marie ab und führt sie in den Wald. Seine furchterregende Andeutungen ängstigen Marie. Sie will zurück in die Stadt, aber es ist zu spät. Als rot der Mond aufgeht (»wie ein blutig Eisen«) stirbt sie unter Woyzecks Messer.

Später bemerkt man im Wirtshaus, daß er blutverschmiert ist. Die Leute schöpfen Verdacht. Woyzeck flieht zurück an den Tatort und wirft das Messer in den nahen Weiher. In der Angst, nicht weit genug geworfen zu haben, watet er hinterher und gerät immer tiefer in den Teich.

Einige Neugierige nähern sich dem Tatort angstvoll und doch fasziniert.

Hier endet das Fragment. In einer früheren Fassung tritt noch die Szene hinzu, in der sich die Vertreter der Justiz am Tatort versammeln und der Polizist begeistert feststellt, das sei endlich mal »ein guter Mord, ein echter Mord, ein schöner Mord«.

2. DEUTUNG UND KRITIK

Das Drama ist ein Fragment. In Büchners Nachlaß wurden vier schwer entzifferbare Entwürfe gefunden. Die heutigen textkritischen Ausgaben beziehen sich auf den vierten Entwurf, ergänzt durch die nicht gestrichenen Passagen des zweiten und dritten Entwurfs.

Dem Stück liegt eine wahre Begebenheit zugrunde. Im Jahre 1824 wurde in Leipzig der arbeitslose Perückenmacher Johann Christian Woyzeck öffentlich hingerichtet, weil er seine Geliebte erstochen hatte. Der Fall hatte Aufsehen erregt, nachdem von Medizinern Zweifel an der Zurechnungsfähigkeit des Täters geäußert worden waren, Zweifel, die durch das abschließende Gutachten erstickt wurden, das dem Täter die volle Verantwortlichkeit attestierte.

Sprachlich wie inhaltlich stellt der »Woyzeck« etwas Neues dar: Einer der »Geringsten unter den Menschen«, einer, der seiner Umwelt und seiner Natur entfremdet ist, betritt die Bühne des Dramas und äußert sich in einer Sprache, die in ihrer volkstümlichen Schlichtheit das Bildungsbürgertum zusammenzucken läßt.

Büchners Protagonisten sprechen nicht die feierliche Hochsprache der deutschen Klassik, sondern den knappen, mundartlich gefärbten Jargon der Erniedrigten und Beleidigten.

Ein Beispiel aus der achten Szene:

Marie hat Woyzeck mit dem Tambourmajor betrogen; nun löst Woyzecks rührende Fürsorge für das Kind und für sie selbst Schuldgefühle bei ihr aus.

Ihigenie oder Faust hätten nun zu einem seitenlangen inneren Monolog (in fünfhebigen Jamben mit Kreuzreim, versteht sich) angesetzt. Marie spricht, als sie allein ist, vier kurze Sätze, und deren letzter lautet: »Geht doch alles zum Teufel, Mann und Weib.«

Dieser Satz ist die diamantharte Artikulation eines Lebensgefühls, das aus dem illusionslosen Bewußtsein der Endlichkeit des Daseins die Rechtfertigung ableitet, gegen alle Frömmigkeit und Moral das kurze Glück zu genießen.

Der Betrogene, Franz Woyzeck, hat wie Franz Moor in den »Räubern« allen Grund, über die Natur ungehalten zu sein: Er ist ein langer, unbeholfener Kerl von sehr beschränkter Intelligenz, arm und auf der untersten Stufe der militärischen Hierarchie. Daß er dazu noch unter Wahnvorstellungen leidet, merkt er zwar nicht, doch lebt er durchaus im Bewußtsein seiner deprimierenden gesellschaftlichen Stellung. Er ist, wie er sagt, ein »armer Kerl«, der sich keine Tugend leisten kann, und weiß auch: » ... wenn wir in den Himmel kämen, so müßten wir donnern helfen.« Zu einem Franz Moor fehlt ihm zweierlei: Gerissenheit und Skrupellosigkeit. Und so wird er, bevor er sich durch die Tötung Maries selbst zugrunde richtet, Opfer seiner Umwelt. Dabei hat Woyzeck keinen einzelnen Gegner, sondern unzählige. Außer seinem Kameraden Andres, der Woyzeck mit halbem Ohr zuhört, wenn er nicht gerade pennt oder Volkslieder singt, ist niemand vorhanden, der ihm wohlgesonnen ist.

Der Doktor ist nur ein grauenerregender Robespierre der Wissenschaft, für den ein Mensch nichts anderes als ein optimal auszubeutendes Experimentierfeld darstellt. Der Hauptmann ist langweilig, dumm und selbstgefällig, außerdem gutmütig aus Trägheit – aber er kann auch anders.

Marie, die Woyzeck anfänglich in Dankbarkeit zugetan ist, wird beim Erscheinen des Tambourmajors zum Opfer ihrer Sinnlichkeit, wenig später dann zum Opfer des eifersüchtigen Woyzeck, womit Büchner übrigens erstaunlich zaghaft darauf hinweist, daß auch der »Geringste« unter den Männern eine Frau hat, der er Gewalt antun kann. Das ist ein von der Kritik völlig vernachlässigter Aspekt.

Umstritten ist die Rolle des Wahnsinns, der sich in unregelmäßigen Abständen des Helden bemächtigt. Woyzeck hört Stimmen, hat paranoide Vorstellungen und redet wirres Zeug. Nun bestreitet zwar niemand – weil sich das nach dem Text nun einmal nicht bestreiten läßt –, daß es auch Wahnvorstellungen sind, die Woyzeck zum Mord an Marie treiben;

nicht einhellig geklärt ist aber die weitergehende Frage, was Büchner als Auslöser des Wahnsinns ansieht. Geschrieben hat er dazu nichts, und fragen kann man ihn auch nicht mehr. Also darf spekuliert werden.

Die einen meinen, Woyzecks Wahnsinn sei gesellschaftlich determiniert, also insbesondere durch die ökonomischen Verhältnisse unausweichlich vorherbestimmt, während die anderen meinen, der Wahnsinn sei Woyzecks Antwort auf die ihm unverständlichen Schicksalsschläge.

Die erste Theorie ist vulgär-marxistisch, die zweite leitet sich aus der gängigen Pop-Psychologie ab.

Dem Vulgär-Marxismus läßt sich entgegenhalten, daß keine Krankheit demokratischer ist als der Irrsinn: Sie erstreckt sich gleichermaßen auf alle Klassen der Gesellschaft. Wäre die Paranoia ein Produkt der Ausbeutung, blieben die Ausbeuter vor ihr verschont.

Die Pop-Psychologie, derzufolge Woyzeck in die Geisteskrankheit flieht, kann hier schon deshalb nicht zum Zuge kommen, weil Woyzecks Verrücktheit bereits in der zweiten Szene offenbar wird, in der trotz seiner inferioren Existenz durchaus Ansätze eines bescheidenen Idylls vorhanden sind (Marie, das kleine Kind, ein wenig anstrengender Dienst, ein eher gutmütiger Vorgesetzter): Er schneidet mit Andres Ruten im Gebüsch, stampft plötzlich auf den Boden und sagt: »Es geht hinter mir, unter mir (…) – Hohl, hörst du? Alles hohl da unten! Die Freimaurer!« Derartige Wahnsinns-Schübe sind sorgsam über das ganze Stück verteilt, und das sicherlich nicht ohne Grund.

Es spricht deshalb manches dafür, daß Büchner den Wahnsinn seines Helden als nicht gesellschafts- oder schicksalsbedingt eingeführt hat. Warum überhaupt? Weil die Paranoia als dramaturgischer Kern in einem doppelten Sinne in das Stück hineingehört: Sie ergänzt Woyzecks Entfremdung von den Menschen durch die Entfremdung von der Natur. Er hört ihre Stimmen, aber versteht sie nicht. Und am Ende entschuldigt der Wahnsinn den Mord. Woyzeck ist unzurechnungsfähig. Die, die ihn zugrunde gerichtet haben, dagegen nicht.

3. HANDSCHRIFT 5: DIE 25. SZENE – AM TEICH –

Hauptmann. Ich bin einer guter Mensch und der Woyzeck ist auch ein guter Mensch, nur daß er immer Eile hatte ... die Eile, wie soll einer da ein guter Mensch bleiben?

Doktor. Sie sind mit mir zum Tatort geflogen geradezu, Herr Hauptmann, verlassen sie jetzt auch den Pfad der Tugend? Sie Pykniker mit dem neoneurohektischen Syndrom!

Woyzeck (*im Teich*). Huh, kalt is. Das Messer. Wo?

Hauptmann. Ich bin ein guter Mensch, aber ich kann auch anders, hähähä.

Doktor. Sagen sie mal, sie sind ja ein interessanter Fall, ein Grenzgänger zwischen Debilität und Imbezilität. Dieser Gesichtsausdruck ... wie wird man mit sowas Hauptmann?

Hauptmann. Fragen sie General Büchner, der nimmt jeden, hähähä.

Woyzeck. Sumpf! Die Wassernix singe so. Marie!

Doktor. Wieso ist dann Woyzeck nicht Oberst?

Hauptmann. Weil er kei Moral hat. Zu eilig. Immer so verhetzt. Sehen sie: Hätt er gewartet mit dem Mord, wär ihm die Marie von allein gestorben und er hätt auf's Grab eingestochen. Hähä. Das ist Moral. Hähähä.

Woyzeck. Hilfe!

Doktor. Hm. Sagen sie mal: Vermachen sie mir Ihr Gehirn? Ich mache sie berühmt, Postmortal, aber immerhin!

Woyzeck. Hi ... (*Woyzeck sinkt unter. Es blubbert.*)

Doktor. Da, die Erbsen. Nur Erbsen habe ich ihm zum Fressen gegeben. Beachten sie die Wirkung. Er ertrinkt gleich, aber die Methangase wirken weiter.

MARIE (*schwach*). Franz! Hilf! Ich verblute!

Hauptmann. Sie lebt. Ich sag's ja. Er war wieder zu verhetzt, nicht gründlich genug. Aber ein guter Mensch. Hähä.

Doktor. Papperlapapp. Sogar zum Morden zu blöd. (*Eilt zu Marie und untersucht sie.*) Ah, schwacher Puls, flacher Atem. Amnesie. Schnell retten das Objekt. So werd ich bekannt.

Hauptmann. Herr Doktor, was ist nun mit ihren Erbsen? Still ruht der See.

Doktor (*ohne sich umzudrehen*). Ach, ersoffen. Besorgen sie mir eine neue Versuchsperson.

Hauptmann. Nein.

Doktor. Warum nicht?

Hauptmann. Damit dieses vermaledeite Fragment nicht noch in die nächste Runde geht. Ich bin es leid, den Blödian zu spielen. Und das als Repräsentant der herrschenden Klasse!

Doktor. Hast recht. Auf geht's. Komm mit, Marie.

ANNNETTE VON DROSTE-HÜLSHOFF

Die Judenbuche

1. DIE GESCHICHTE

Friedrich Mergel wird als Sohn eines chronischen Säufers geboren, der bei der Rückkehr von einer Hochzeitsfeier in stürmischer Winternacht erfriert.

Der scheue und verträumte Junge legt bald seine Ängste ab und macht sich durch Furchtlosigkeit und Großmäuligkeit im Dorf einen Namen.

Aber der Versuch, den Makel seiner ärmlichen Herkunft loszuwerden, scheitert: Nachdem man ihn fälschlich der Unterstützung einer Holzfrevlerbande bezichtigt hat, die den Tod eines Försters auf dem Gewissen hat, begegnet er auf einem Dorffest dem Juden Aaron, der ihn wegen einer Restschuld von zehn Talern vor allen Leuten lächerlich macht. Noch in derselben Nacht ermordet er Aaron.

Friedrich flieht und kehrt erst nach achtundzwanzig Jahren als Krüppel aus türkischer Gefangenschaft zurück. Obwohl der Mord längst verjährt ist und ein anderer für schuldig gehalten wird, schlüpft er in die Rolle seines ehemaligen Schützlings Johannes Niemand. Doch froh wird er nicht mehr: Eines Tages erhängt er sich an der Judenbuche, in deren Stamm die Glaubensgenossen des Ermordeten die Inschrift »Wenn du dich diesem Ort nahest, so wird es dir ergehen, wie du mir getan hast!« geschnitzt hatten.

2. DEUTUNG UND KRITIK

Die 1842 veröffentlichte Novelle knüpft an eine wahre Begebenheit an, die sich Mitte des 18. Jahrhunderts in einem ostwestfälischen Dorf abgespielt hatte und von einem Verwandten der Dichterin nach Gerichtsakten aufgezeichnet sowie anschließend veröffentlicht worden war (Geschichte eines Algierer Sklaven, 1818).

Droste-Hülshoff (1797–1848), deren Konterfei ab 1990 den Zwanzig-Mark-Schein ziert, wurde zeitlebens ihrer Zugehörigkeit zum weiblichen Geschlecht nicht froh. Viel lieber wäre sie ein Mann gewesen. Folgerichtig starb sie unverheiratet. Sie gilt als die größte deutsche Dichterin des 19. Jahrhunderts. Allerdings war es mit der Konkurrenz auch nicht so weit her.

Droste-Hülshoff suchte sympathischerweise keinen Anschluß an literarische Moden oder auch nur an die großen literarischen Strömungen ihrer Zeit (Spätromantik, Junges Deutschland, Vormärz, Realismus), sondern blieb auch hier Einzelgängerin. Sie trat durch geistliche Dichtung, insbesondere durch religiös geprägte Naturlyrik hervor, ferner durch ihre Novellen, deren bekannteste die »Judenbuche« ist.

In der Person ihres Antihelden Friedrich Mergel zeigt die Dichterin einerseits die kreatürliche Einheit von Mensch und Natur (als Ausdruck der göttlichen Seinsordnung), andererseits den Zusammenbruch dieser Einheit bei Verlust des »inneren Rechtsgefühls«:

Hier tritt die strafende Natur auf den Plan. Sie ist nicht, wie in der Klassik, bloße Hintergrundskulisse oder, wie im Realismus, Prüfstein für Tatkraft und Heldenmut, sondern Zeuge, Richter und Rächer. All die scheiternden Männergestalten der Novelle werden, wenn sie sich nicht selbst zum Opfer fallen, zu Delinquenten einer unerbittlichen Natur. Die Natur straft oder läßt strafen. Friedrichs versoffener Vater erfriert im winterlichen Wald, Friedrich selbst knüpft sich wie unter Zwang an der Judenbuche auf, sein Onkel Simon Semmler verelendet in einer potentiell reichen Wald- und Ackerlandschaft, Johannes Niemand geht im Exil zugrunde, Aaron und der Förster werden ermordet. Auf die Überlebenden mag der erschrockene Leser am Ende auch keine Wetten mehr annehmen.

Die Natur wird so zur Quelle der Bestärkung und des Trostes für die, die in Harmonie mit ihr leben, ebenso aber zur Ursache der Bedrohung und des Unheimlichen für die, die sich an der Schöpfung vergehen.

Ob Details oder Natur als Ganzes – die Schärfe ihrer Beobachtungsgabe macht Droste-Hülshoff einem kräftig-herben Erzählstil nutzbar. Dabei geht sie, und das macht die eigentliche Stärke ihrer Erzählkunst aus, einerseits in eine nüchterne Distanz (quasi-dokumentarischer Berichtstil), hebt aber auf der anderen Seite das Unheimliche, das Schaurige und Bedrohende der Natur um so beschwörender hervor.

Die Schwächen liegen im gedanklichen Hintergrund der Geschichte, und diese Schwächen rücken die Novelle in die penetrante Nähe katholischer Erbauungsliteratur. Es ist zwar interessant, mit anzuschauen, wie die beleidigte Natur immer unbarmherzig zuschlägt, sobald einen der verhinderten Helden das innere Rechtsgefühl verlassen hat, aber wieso die Natur plötzlich eine tätige Moral aufzuweisen hat, wird nicht klar, und wie überhaupt das innere Rechtsgefühl flötengehen kann (Abkehr? Schwäche? Zufall?), bleibt gleichfalls ein Rätsel.

Hier schließt die Dichterin, die sich durch eine so vorzügliche Beobachtungsgabe auszeichnet, ihre Augen und öffnet sich der Offenbarung.

3. DIE LUDENSUCHE

Lieseken Hülsmeyer, geboren 1967, war die einzige Tochter eines Kleinbauern im Dorf S., dessen Bewohner als die Verschlafensten, Stolzesten, Faulsten, Kühnsten, Listigsten und Dümmsten im gesamten Regierungsbezirk galten.

Der inmitten stolzer Waldeinsamkeit gelegene Ort galt auch später Geborenen als beispielgebender Teil der göttlichen Seinsordnung insofern, als seine Geschicke geleitet wurden durch den Gemeindedirektor, die drei hauptamtlichen Vorstandsmitglieder der Raiffeisenbank und den Pfarrer, währenddessen die Dörfler sich freudig fügten.

Ihr Handeln war von ihrer innersten Überzeugung bestimmt, nur eben bei Lieseken Hülsmeyer nicht, die, soeben großjährig geworden, als Miterbin ihrer im Kindbett verschiedenen Mutter den Vater überredete, die Feuerversicherungsprämie zu zahlen, obwohl ihr christliches Gewissen ihr sagte, daß die Strafen der Natur nicht durch großzügige Entschädigung verwässert werden dürfen.

Eines Sommerabends wurde es nachtschwarz über dem Dorf. Ein gräßliches Gewitter zog herauf, Blitze zuckten und Hülsmeyers Haus stand in Flammen. Es brannte nieder mit allem Hab und Gut einschließlich der Rosenkränze, der Familienbibel und des Viehs in den Stallungen. Vater und Tochter überlebten, doch das eigentliche Unglück blieb nicht aus. Die Versicherung zahlte 600.000,– Mark, von denen sich Lieseken Hülsmeyer bei Hagelschlag die Hälfte nahm, um ihrem Vater in grenzenlosem Hochmut Lebewohl zu sagen und das Dorf zu verlassen.

Sie zog westwärts in die großen Städte, um dort ihr Glück zu machen. Allein, durch Unordnung und böse Wirtschaft ward der Reichtum bald verbraucht. Im Dauerregen eines stürmischen Novembermorgens geriet sie dem türkischen Zuhälter Özcan Cetingömüzli in die Hände, bot fortan als Hure ihre Dienste feil und begegnete in einer harten Winternacht einem Freier, der ihr bekannt vorkam. Es war ihr Vetter Otto Hülsmeyer.

Am nächsten Morgen heulte der Wind gegen die Fensterläden, der Vollmond schien auf die vereisten Straßen, dichtestes Schneetreiben und Windstille verbreiteten die Stimmung einer gespenstischen Einsamkeit und stürmischer Regen klatschte gegen die Scheiben. Nicht nur die Natur spielte verrückt. »Hör ma, feins Lieseken«, sagte Otto Hülsmeyer, »wenn der Ker getz kommt, zerlegen wa ne, woll?«

Nachdem Lieseken und ihr Vetter die Leiche zerstückelt und in einer mondhellen, verregneten Februarnacht in die Ruhr geworfen hatten, zogen sie gemeinsam fort und gründeten von Liesekens gebunkertem Geld eine Schweinemästerei. Die Suche nach der Leiche des Zuhälters blieb bei ruhigem Wetter erfolglos.

Lieseken Hülsmeyer und ihr Vetter leben heute wohlhabend und zufrieden in B., OT L., woraus folgt, daß sich die Polizei nicht immer auf die Natur verlassen kann und daß die Leugnung der inneren Überzeugung nicht immer die Folgen zeitigt, die katholische Dichterinnen erhoffen.

THEODOR FONTANE

Effi Briest

1. DIE GESCHICHTE

Preußen, achtziger Jahre des 19. Jahrhundert: Im Herrenhaus derer von Briest auf Hohen-Cremmen erscheint Landrat Geert von Instetten (38), ein Jugendfreund der Frau des Hauses, und hält schon nach ein paar Tagen um die Hand der einzigen Tochter an. Jeder sei für sie der Richtige, plappert Effi (17), er müsse nur von Adel sein, eine Stellung haben und gut aussehen. An der Selbstverständlichkeit ihrer Liebe zu Geert kommen ihr erst leise Zweifel, als ihr auffällt, daß ihr Bräutigam ein Mann von Grundsätzen ist, während sie keine hat. Der Vater ist hellsichtiger: »Überhaupt hättest du besser zu Instetten gepaßt als Effi«, sagt er zu seiner Frau, und: »Schade, nun ist es zu spät.« Damit hat er in einem doppelten Sinne recht, denn als er so spöttelt, hat Effi gerade geheiratet.

Effi zieht mit ihrem adligen Landrat nach Kessin in Hinterpommern und wird nach und nach mit den beschränkten Provinzhonoratioren bekanntgemacht. Bis auf den leidlich exotischen Apotheker Alonzo Gieshübler, der für sie der »einzige richtige Mensch« ist, findet sie alle abstoßend. Das allgemeine Gefühl der Langeweile verschärft sich, als Instetten zu seinen ersten Dienstreisen aufbricht. Zusätzlich wird Ihre Gefühlslage beeinträchtigt durch einen vermeintlichen Spuk im Haus: Kapitän Thomsen hatte einen chinesischen Diener, und der starb 14 Tage, nachdem er mit der Enkelin des Käptens auf deren Hochzeit getanzt hatte. Die Braut blieb verschwunden. Effis Mann zerstreut den Aberglauben vom durchs Haus geisternden Chinesen keineswegs, will sich aber auch nicht Effis Wunsch beugen, das Haus zu verkaufen.

Das Liebesleben der Frischvermählten ist trübe: »Instetten war lieb und nett, aber ein Liebhaber war er nicht«, denn er erging sich immer nur »in ein paar wohlgemeinten, aber etwas müden Zärtlichkeiten, die sich Effi gefallen ließ, ohne sie recht zu erwidern.«

Ein Glück, daß kurz nach Ende des ersten Drittels endlich der neue Bezirkshauptmann, Major von Crampas, auftaucht, ein Kriegskamerad Instettens und noch etwas älter als er, aber ein »Damenmann«, der schon ein Duell wegen einer Weibergeschichte hinter sich hat.

Doch noch kommt man sich nicht näher, denn Effi sieht Mutterfreuden entgegen. Tochter Annie wird geboren, und Instetten bemerkt eine Veränderung in der Persönlichkeit seiner Frau. Sie war noch ein Kind und ist »mit einemmal ... wie vertauscht.« Das liegt nicht nur an der Mutterrolle, sondern auch an den Besuchen von Crampas, der seiner ebenso menschenscheuen wie eifersüchtigen Frau zu enfliehen sucht und dabei langsam vom Freund des Hauses zum Hausfreund wird. Während der naturferne Aktenmensch Instetten arbeitet, unternimmt Effi mit Crampas weite Ausritte. Sie erlebt ihn als Gegenbild zur Persönlichkeit ihres Mannes. Für den ist Crampas »so'n halber Pole, kein rechter Verlaß, eigentlich in nichts, am wenigsten mit Frauen ... er hasardiert im Leben in einem fort.« Stimmt. Ohne Leichtsinn, so sagt Crampas selbst, ist das ganze Leben keinen Schuß Pulver wert. Übrigens durchschaut auch er seinen Widersacher. Mit großem Scharfsinn erkennt er, wieso Instetten den Glauben an den Spuk bei seiner Frau stabilisiert: Als geborener Schulmeister will er sie damit einschüchtern, »in Ordnung halten«. Und nebenbei ist ein Spuk wie ein »Cherub mit dem Schwert«, praktisch für jemanden, dessen Haus oft unbeaufsichtigt ist.

Nachdem Effis Blick solchermaßen für die kleinlich-berechnende Art ihres Mannes geschärft ist, beginnt sie – halb zog er sie, halb sank sie hin – ein Verhältnis mit Crampas. Der Leser freilich ahnt es nur, er weiß nicht, wie, wo und wann. Fontane macht nur Andeutungen. Effi will sich gegen den Kavalier nicht mehr »aufsteifen«, das »Verbotene, das Geheimnisvolle« hatte plötzlich seine Macht über sie, und sie läßt sich auf ein »verstecktes Komödienspiel« ein. Man beginnt zu begreifen, wohin sie ihre langen, einsamen Spaziergänge führen.

So geht das einige Monate lang, bis Effi unter dem Versteckspiel so zu leiden beginnt, daß sie die Versetzung ihres Mannes nach Berlin wie eine Erlösung begreift. Sie schreibt Crampas einen überraschend kühlen Abschiedsbrief, flieht geradezu zu einen ersten Besuch nach Berlin, spiegelt eine Krankheit vor, um nicht noch einmal zum Umzug nach Kessin zurückkehren zu müssen, und beginnt die Affäre zu verdrängen. Schuld empfindet sie kaum, eher Furcht, daß doch noch alles ans Licht kommt, und vor allem Scham, das aber »nicht wegen der Tat, sondern wegen dem ewigen Lug und Trug«. So etwas hält bekanntlich nicht vor, und siehe: Fünf bis sechs Jahre später ist alles ganz weit weg, »löste sich wie ein Nebelbild und wurde Traum«.

Doch da passiert's. Effi, mittlerweile fünfundzwanzig, ist zur Kur, Annie stürzt, die beiden Hausangestellten wuchten mit dem Stemmeisen das Nähtischchen auf, um Verbandsstoff zu finden, und was purzelt heraus? Ein Bündel Briefe, mit einem Seidenfaden umwickelt. Instetten findet das Päckchen, als er einräumen hilft. »Sei heute nachmittag wieder in den Dünen«, liest er, oder auch »Fort, so schreibst du, Flucht. Unmöglich.« Oder auch »Leichtsinn ist das Beste, was wir haben.«

Instetten fackelt nicht lange. Er bestellt seinen Freund Wüllersdorf und trägt ihm sofort das Amt des Sekundanten an. Der hat Bedenken. Er befürchtet, daß der Gehörnte sein Unglück durch ein Duell nur verdoppelt. Instetten gesteht zu, daß er frei von Haß oder Rachlust ist. Schließlich sind Jahre vergangen. Aber er beruft sich auf ein Etwas, das nun einmal da sei und nach dessen Paragraphen man sich gewöhnt habe, alles zu beurteilen. Da es also nicht mehr um Leidenschaften geht, sondern um Ehre, gibt nicht das Auffinden der Briefe den Auschlag, sondern der Umstand, daß Instetten seinem Freund einen Zettel geschrieben und ihn damit zum Mitwisser gemacht hatte. »Damit war das Spiel aus meiner Hand.«

Crampas, noch einmal ganz Ehrenmann und Hasardeur, stellt sich dem Duell und stirbt durch Instettens Kugel. Der treibt den Wahnsinn sehenden Auges weiter: »Ich muß ... Effi wegschicken und sie ruinieren und mich mit.«

Gesagt, getan. Effi erfährt noch während des Kuraufenthalts, was passiert ist. Sie darf nicht mehr nach Hause zurückkehren, ihre Ehe wird im Eilverfahren geschieden, Instetten bekommt das Sorgerecht für Annie. Selbst von ihren Eltern wird die Heldin verstoßen. »Keine Zuflucht in unserem Hause«, schreiben sie, »denn es hieße das, dies Haus von aller Welt abzuschließen, und das zu tun sind wir entschieden nicht geneigt.«

Jahrelang lebt Effi, nur in Gesellschaft ihrer treuen Dienerin Roswitha, in einer kleinen Berliner Wohnung ihr armes Leben. Um überhaupt irgend etwas zu tun, widmet sie sich der Malerei, wohl wissend, daß sie über die unterste Stufe des Dilettantismus nie hinauskommen wird. Da sieht sie eines Tages in der Pferdebahn ihre Tochter. Ihr Wunsch, sie wiederzusehen, wird übermächtig. Durch Vermittlung einer Ministerin erhält sie die Zustimmung ihres Geschiedenen zu einem Zusammentreffen. Doch das langersehnte Ereignis wird eine schlimme Enttäuschung. Annie antwortet auf drei herzliche Fragen und Vorschläge mit dem gleichen geschraubten »O gewiß, wenn ich darf.«

Effi bricht zusammen, als sie wieder allein ist. Sie verflucht Instetten als einen kleinen grausamen Schulmeister. »Ehre, Ehre, Ehre«, schreit sie, »und dann hat er den armen Kerl totgeschossen, den ich nicht einmal liebte und den ich vergessen hatte, weil ich ihn nicht liebte. ... und ehe er das Kind schickt, richtet er's ab wie einen Papagei ... mich ekelt, was ich getan; aber was mich noch mehr ekelt, ist eure Tugend.«

Sie wird krank. Auf Intervention des Arztes erklären die Eltern sich endlich bereit, die Tochter wieder zu Hause aufzunehmen. Der gemessen an der Mutter stets menschlichere Vater will nicht mehr den Großinquisitor spielen. Effi erholt sich scheinbar, doch »in Wahrheit ging die Krankheit weiter und zehrte still ihr Leben auf«.

Instetten geht es kaum besser. Er weiß und wußte es von Anfang an, daß er sein Glück zerstört hat, und findet alles »zum totschießen, wenn es nicht so lächerlich wäre«. Er geißelt sogar sein Schulmeistertum, seine Neigung, den höheren Sittendirektor zu spielen, und verspottet die Ehre als Krimskrams. Aber er dient diesem Götzen weiter.

Wenig später stirbt Effi, versöhnt mit Gott und den Menschen, auch mit ihrem Geschiedenen, denn er war »so edel, wie jemand sein kann, der ohne rechte Liebe ist«.

Am Ende fragen sich die Eltern, denen der Tod des einzigen Kindes nicht so nahe geht wie dem treuen Hund Rollo, welches Maß an Mitschuld sie tragen, und die hartherzig-dämliche Mutter wirft endlich die Frage auf, ob Effi nicht doch zu jung war.

2. DEUTUNG UND KRITIK

Fast jedes der in diesem Buch vorgestellten Werke ist schon verfilmt worden. Auch Fontanes Roman blieb das nicht erspart. Dritter und jüngster Versuch – die beiden ersten sind vergessen – ist der von R.M. Faßbinder, natürlich mit der trantütigen Hanna Schygulla als Effi. Es lohnt sich, kurz auf einen der Gründe dafür einzugehen, daß der Film so schauderhaft danebenging. Ein Film muß mehr sein als ein Roman für Analphabeten. Und: wenn man ausgerechnet Fontanes Werk auf diese Weise ablichtet, das heißt, sozusagen Seite für Seite herunterkurbelt, wie der erwähnte Regisseur das getan hat, entsteht zwangsläufig Langeweile. Warum? Weil Fontane nicht von Handlungen, Heldentaten und großen Ereignissen erzählt, sondern von Stimmungen, von den Irrungen und Wirrungen des Gefühls und von den unsichtbaren Zwängen, denen sich seine Protagonisten unterwerfen und an denen sie zerbrechen. Nur ein großer Regisseur ist imstande, die Zustände des Herzens in die Bildersprache des Films zu übertragen.

Aber bleiben wir bei Fontanes Erzähltechnik, denn sie ist es, die ihn für die heutigen Leser so völlig unzeitgemäß und gerade vielleicht deshalb wieder interessant macht: Ein Prosa-Stück von Theodor Fontane ist das genaue Gegenstück zu einem trivialen Action-Roman, aber es wird dadurch nicht weniger spannend. Denn im Gegensatz zum Autor eines herkömmlichen Thrillers beschreibt er nicht Heldentaten und Katastrophen mit glücklichem Ausgang, sondern, detailgenau und behutsam, die Stimmungen, die zu den Ereignissen führen, und die Reaktionen, die sie in den Köpfen und, um es nochmals altmodisch zu sagen, in den Herzen seiner gebrochenen Helden auslösen. Das, was Mittelpunkt eines Trivialromans gleich welcher Couleur gewesen wäre, also die vermeintlich zentralen Ereignisse, werden bei Fontane nahezu ausgeblendet: die Hochzeit, die Geburt der Tochter, der Ehebruch, das Duell, der Tod. All das findet nur auf wenigen Zeilen statt. Mehr ist nicht nötig, denn alles ist schon gesagt, bevor es geschieht. Es ereignet sich in den Köpfen, und zuvor noch wird es durch Gleichnisse, Märchen, Sagen und Gedichte angekündigt, die die Beteiligten einander erzählen und die für den Leser die Wirkung eines fernen Donners haben.

Zu Recht hat man Fontanes Stil ironisch genannt. Er ist es zwar nicht in dem Sinne, daß einzelne Äußerungen der Handelnden oder Kommentare des Dichters ironisch gefärbt wären, wohl aber insofern, als sich sein Plauderton, vor allem aber die umgangssprachliche Gemütlichkeit seiner Alltagshelden wie Schneeflocken über die scheinbare Normalität des Gräßlichen legen. Der Roman enthält eher eine stille Klage als eine pathetische Anklage. Das »j'accuse« eines Emile Zola (der übrigens als frivoler Franzose Gegenstand einer kurzen Anspielung wird) ist Fontane fremd. Aber dadurch tritt z.B. das Gefangensein Instettens im wilhelminischen Ehrbegriff um so eindringlicher in Erscheinung (»Unser Ehrenkultus ist ein Götzendienst«, sagt Instetten, »aber wir müssen uns ihm unterwerfen, solange der Götze lebt«, wobei er als preußischer Beamter natürlich nicht auf die Idee kommt, an der Zertrümmerung des Götzenbildes mitzuwirken).

Fontane hält der »guten Gesellschaft« des wilhelminischen Deutschland ihren Spiegel vor, und was sie da zu sehen bekommt, hätte sie, so mag man voreilig denken, dazu veranlassen müssen, den Laden dichtzumachen – nur: Seit wann verändern Bücher die Welt? Und wie oft haben die besseren Dichter der Nachkriegszeit ihrem Deutschland den Spiegel vorgehalten, ohne damit irgend etwas anderes zu bewirken als Beschimpfungen und folgenlose Zerknirschung?

Gerade mit dem Abstand der Heutigen wirkt das Klirrend-Preußische, das Fontane so völlig undramatisch vorführt, besonders beklemmend, und zwar bis hin zu den literarischen Anspielungen. Lessings Nathan ist für einen der Kessiner Großbürger eine »Judengeschichte, die, wie der ganze liberale Krimskrams, nichts wie Verwirrung und Unheil gestiftet hat und noch stiftet.« Kein Wunder, daß der Lieblingsdichter des windigen Crampas Heinrich Heine ist, auch so ein Jude ... Oder: Tochter Annie wird geboren und der Doktor sagt: »Wir haben heute den Tag von Königgrätz; schade, daß es ein Mädchen ist.«

Diese Anatomie des Preußischen mag für manchen Leser nur noch von historischem Interesse sein und damit völlig unergiebig. Es geht aber in »Effi Briest« nicht wieder nur darum, wie eine junge Frau nach zeitgenössischen Regeln fertiggemacht wird, und auch nicht nur um eine zeitlose Sektion der Langeweile und des Ehebruchs, sondern um die Darstellung einer Denkform, die den ungeliebten, gleichwohl nicht hinterfragten Prinzipien den Vorzug vor der schlichten Menschlichkeit gibt. Wozu das führen kann und lange nach Fontanes Tod geführt hat, wissen wir alle.

Die Kritik am Moralkodex dieses spezifisch deutschen Großbürgertums, das seinen Frieden mit Monarchie und Adel geschlossen hat, macht das Buch keineswegs eindimensional und seine Hauptperson beliebig. Effi Briest steht für viele junge Frauen, denn sie sind es, die die Zeche zahlen. Sie wird aus der elterlichen Autorität nicht in die Freiheit, sondern nur in eine gleichartige Form der Fremdbestimmung entlassen. Nicht einmal ein Milieuwechsel findet statt. Am Ende schließt sich nach Jahren der Vereinsamung der Kreis: Sie kehrt zu ihren Eltern zurück und muß das noch als Gnade empfinden.

Kein Zufall, daß sich das Motiv der scheiternden Frau bei Fontane ständig wiederholt (siehe »Irrungen, Wirrungen«; »Cecile«; »Unwiederbringlich«). Fontane räumte einmal ein, daß alle seine Frauengestalten »einen Knacks weghaben«, aber dieser Knacks ist schließlich nicht angeboren und rührt auch nicht daher, daß ihr Schöpfer einen Hau hat, der ihn zum literarischen Frauenmörder werden läßt. Anders: Wie sollte eine Frau im wilhelminischen Deutschland ihre Rolle spielen, ohne sich einen Knacks einzufangen?

3. STEFFI BIEST

Geheimrat a. D. Freiherr Friedrich von Tittelwitz-Blutnikow hob mit erkennbarer Mühe den Seidel. »Prost Hasso, alter Knabe«, krächzte er, »und nimm es nicht zu schwer, jeder hat sein Päckchen zu tragen.« Oberst a. D. Hasso Huschke von Falkenhayn stieß widerwillig mit ihm an, setzte seinen Bierkrug ab und wischte sich den Schaum aus dem Schnäuzer. »Weißt du«, murmelte er, »die Wiedergenesung von Freya macht mir gar nicht so viel zu schaffen. Ich kann warten, und der Oberste Generalstäbler beruft uns ja alle mal ab.« Er vollzog eine flüchtige Kopfbewegung zur Decke hin. »Aber«, so fuhr er fort, »als sie im Spital war und ich dachte, es gehe endlich dem Ende zu, habe ich ihren Krimskrams schon mal zusammengesucht, und da lagen dann in ihrem Nähschränkchen diese Briefe, ganze Päckchen, immer mit einer Seidenschnur umwickelt. Ich gesteh's Dir im Vertrauen, Friedrich, und ich hoffe, du mißbrauchst es nicht. Meine Lage ist verzweifelt. Was würdest du an meiner Stelle tun?«

»Laß mich dir eine Geschichte erzählen«, fistelte von Tittelwitz mit verminderter Lautstärke, »und zwar aus der brandenburgischen Frühzeit, irgendwann vor der Erfindung des Säbelrasselns und des tiefen Tellers. Da lebte ein Landvogt, der erfuhr an seinem 87. Geburtstag, gut ein Dutzend Jahre nach dem Tode seiner Frau, daß sie zwei Jahre vor der Hochzeit einmal einen anderen Mann geküßt hatte.«

»Na und?«

»Nun, die beiden waren immerhin schon von den Eltern verlobt worden.«

»Ach so, na dann ... «

»Er fand heraus, daß der Galan seiner Braut noch lebte, und forderte ihn. Die Sekundanten trugen die beiden Ehrenmänner auf eine Lichtung und stellten sie voreinander ab. Der Landvogt versuchte, den Degen zu ziehen. Es klappte und klappte aber nicht. Schließlich schrie er, er kriege das vermaledeite Ding nicht aus der Scheide, worauf der Sekundant seines Gegners sich die Frechheit nicht verkneifen konnte, der Geforderte habe damit umgekehrt bei der Frau seines Gegenübers weniger Mühe gehabt. Die Worte waren kaum ausgesprochen, als ein Blitz zuckte und den Lästerer niederstreckte. Als sein Auftraggeber das sah, traf ihn der Schlag. Zwei

Tote auf einen Streich. Die Ehre des Landvogts war auf das schönste wiederhergestellt. Seine letzten Monate wurden überstrahlt von der Achtung und Liebe seiner Mitmenschen, der Herzog schenkte ihm zwei silberne Krücken, und der städtische Verschönerungsverein zögerte nicht, noch zu seinen Lebzeiten eine Bank nach ihm zu benennen.«

»Ich habe verstanden«, grunzte der Oberst, knallte im Sitzen die Hacken zusammen und trank den Bierseidel in einem Zuge aus. »Du kennst mich schlecht, Friedrich«, preßte er hervor, während er sich hochstemmte, »auch ich bin eine Ehrenmann. Es sind schon alle Zurüstungen getroffen.«

Mit aller Entschlossenheit, die er angesichts seines gebrechlichen Zustandes noch zu demonstrieren imstande war, betrat Oberst Huschke von Falkenhayn das Haus. Sein getreuer Bursche begrüßte ihn militärisch-knapp und präsentierte ihm das Tablett, auf dem der Oberst einen Brief und ein Billett sah. Er griff mit zitternder Hand beide, ließ sich in einen Sessel im Vorraum fallen und inspizierte den Briefumschlag. Er stammte von ihm selbst, adressiert an den Kavalier seiner Frau. Auf der Rückseite des Couverts befand sich ein Stempel mit der Aufschrift »Nicht zustellbar, Empfänger verstorben.« Das Billet trug die Schrift seiner Frau. Oberst a. D. Hasso Huschke von Falkenhayn klemmte das Monokel in sein linkes Auge und las: »Falkenhayn, mit mir im selben Krankenzimmer lag Stefanie Freifrau Biest zu Dicken-Bemmen. Du kennst diese Person und kannst dir deshalb denken, was sie eines Nachts im Fiebertraum von sich gab. Gewiß, es war zwei Jahre vor unserer Hochzeit, allein, das rechtfertigt nichts, denn wir waren verlobt. Ich ruiniere Dich nur ungern, aber der Ehrenkodex der Suffragetten will es so, und zu ihm bekenne ich mich hiermit. Nach dem Schlüssel brauchst Du nicht zu suchen. Der Safe ist leer. Ich lasse Dir Dein Arbeitszimmer da und von der Kücheneinrichtung den Kühlschrank. Da steht auch Dein Abendessen drin. Rauch nicht immer so viel und vergiß nicht, Dir von Bernhard das Bier temperieren zu lassen, damit Du Dir nicht den Magen verkühlst. So leb denn wohl. Freya«

FRANZ KAFKA

Die Verwandlung

1. DIE GESCHICHTE

Man schreibt das Jahr 1912. Gregor Samsa, ein kleiner Prager Handelsvertreter, erwacht eines Morgens »aus unruhigen Träumen« und findet sich »zu einem ungeheuren Ungeziefer verwandelt«. Seine Familie – Vater, Mutter und Schwester – läßt er zunächst nichts merken: Er schließt sein Zimmer nicht auf. Aber er hat keine Muße, sich an seine neue Existenz zu gewöhnen, in der sich menschliches Denkvermögen und andere menschliche Fähigkeiten (z. B. kann er sprechen, wenn auch mit verzerrter Stimme) mit körperlichen Eigenschaften und Empfindungen eines Käfers (etwa Geschmacksempfindungen beim Fressen) vermischen. Der Prokurist seiner Firma, in der sein morgendliches Ausbleiben bereits bemerkt worden ist, trifft im Haus ein. Gregor müht sich mit seinen dünnen Krabbelbeinen aus dem Bett und öffnet die Tür. Bei seinem Erscheinen macht sich Entsetzen breit. Der Prokurist flieht, Gregor wird von seinem Vater mit einem Stock in sein Zimmer zurückgetrieben.

Gregors Familie führt eine parasitäre Existenz. Der Vater, ein bankrotter kleiner Geschäftsmann (mit einem Haufen Schulden bei Gregors Chef, der das Geld ratenweise von Gregor zurückerhält), spielt den Arbeitsunfähigen, während sich die asthmatische Mutter und die der Schulpflicht entwachsene 17-jährige Schwester in bescheidenem Umfang an der Hausarbeit beteiligen. Die Hauptlast trägt das Dienstmädchen. Erwerbstätig ist in der Familie nur der asketische Gregor, der die drei anderen durch seine Provisionen als Reisender in Textilien unterhält, und zwar so großzügig, daß es nicht nur für eine große, von Gregor ausgesuchte Wohnung reicht, sondern, wie Gregor erst nach seiner Verwandlung erfährt, auch für Ersparnisse, die der Vater hinter seinem Rücken vom Familienetat abgezweigt hat. Wirkliche Dankbarkeit oder Zuneigung erfährt Gregor nicht. »Man hatte sich eben daran gewöhnt ... aber eine besondere Wärme wollte sich nicht mehr ergeben.«

Nachdem das Schreckliche geschehen ist, zeigt nur noch die Schwester eine gewisse Fürsorge. Sie reinigt das Zimmer, versucht herauszubekommen, was dem Käfer schmeckt, nachdem er frische Speisen verschmäht hat, und freut sich, wenn Gregor unter den leicht angegammelten Küchenabfällen »tüchtig aufgeräumt« hat. Anders die Eltern, die den verwandelten Sohn mitleidlos meiden und deren einzige Sorge die jäh aufgetretene Notwendigkeit ist, wieder selbst für den Lebensunterhalt zu sorgen. Das Ersparte und das der Pleite entzogene Kapitalvermögen, von dem Gregor auch nichts wußte, reichen nicht aus, den gewohnten Müßiggang fortzusetzen. Der Anblick des Käfers ist den Alten unerträglich; seine Existenz wird vor Nachbarn, Hausbediensteten und Mietern geheimgehalten.

In der Familie beginnt das Verantwortlichkeitsgefühl für Gregor zu zerfallen. Abneigung und Ekel gewinnen die Oberhand. Als Mutter und Schwester die Möbel auszuräumen beginnen, die ihm seit seiner Jugend vertraut sind, verbündet sich noch die schwesterliche Fürsorge – ein Käfer braucht Platz zum Krabbeln – mit dem resignativ-praktischen Denken der Mutter; als aber die Mutter bei seinem Anblick schreiend in Ohnmacht fällt und der Vater, von Schwester Grete mit den Worten »Gregor ist ausgebrochen« aufgewiegelt, mit verbissenem Gesicht auf Gregor, der in seiner Hilflosigkeit ins Nebenzimmer gerannt war, zugeht, ist das Mitleid schon auf sein schäbigstes Minimum geschrumpft, also das Selbstmitleid. Wo aber kein Mitgefühl mehr ist, regiert die Grausamkeit: Als Gregor versucht, in sein Zimmer zurückzufliehen, wird er vom Vater mit Äpfeln bombardiert. Einer dringt in den Gregors Rücken ein, und niemand entfernt ihn, weder sogleich noch in den folgenden Tagen, denn die Familie hat andere Sorgen: Die Mutter näht Wäsche für ein Modengeschäft, die Schwester hat eine Anstellung als Verkäuferin bekommen und bildet sich nach Feierabend weiter, und der Vater prunkt mit der Uniform eines Bankboten. Alle sind sie abends abgearbeitet und übermüdet. Grete stellt nur noch flüchtig das Fressen in Gregors Zimmer; gereinigt wird es nicht mehr. Gregor ist anfangs voller »Wut über die schlechte Wartung«. Vor Kummer rührt er kein Essen mehr an. Sein Verfallsprozeß beginnt. Bei der Bedienerin, die anstelle des zweiten ausgeschiedenen Dienstmädchens engagiert worden ist und nur noch morgens und abends erscheint, ruft Gregor kein Entsetzen hervor, sondern nur noch ein mit Verachtung gemischtes Desinteresse.

Die Familie hat mittlerweile ein Zimmer an drei bärtige »Zimmerherren« vermietet und nicht nur überschüssiges Mobiliar, sondern auch Mülleimer und Aschenkiste in Gregors Zimmer deponiert. Sein Zuhause wird zur Rumpelkammer.

Eines Abends spielt Grete auf ihrer Geige. Interessiert krabbelt Gregor zur Tür; er hatte das Violinspiel der Schwester immer gefördert und wollte sie sogar von seinem Geld aufs Konservatorium schicken. Vom Vater und den drei Zimmerherren wird Grete in die Wohnstube komplimentiert. Doch ihr Spiel ist den Mietern zu dilettantisch. Enttäuscht kehren sie zu ihren Privatgesprächen zurück. Gregor dagegen ist bezaubert. Er öffnet die Tür. Einer der Mieter sieht ihn und alle drei sind sofort schwer entrüstet. Sie kündigen »mit Rücksicht auf die in dieser Wohnung und Familie herrschenden widerlichen Verhältnisse« das Zimmer »augenblicklich«.

Gregor wird nun Ohrenzeuge des Verrats der Schwester, die ihn gegenüber den Eltern als Untier beschimpft und mit der Parole »Weg muß er« schließt. Sein Zimmer wird verriegelt.

Gregor wird immer schwächer. »Den verfaulten Apfel in seinem Rücken und die entzündete Umgebung« spürt er kaum noch. Er hegt keinen Zorn gegen seine Familie mehr; er denkt an sie »mit Rührung und Liebe zurück. Seine Meinung darüber, daß er verschwinden müsse, war womöglich noch entschiedener als die seiner Schwester«. Noch in derselben Nacht stirbt er.

Als die Bedienerin am nächsten Morgen meldet, der Käfer sei »krepiert«, reagiert der Vater mit einem erleichterten »jetzt können wir Gott danken«. Zur Feier des Tages werden drei Entschuldigungsbriefe geschrieben, und die Familie fährt mit der Straßenbahn »ins Freie vor der Stadt«. Die Frühlingssonne scheint. Mit Wohlgefallen betrachten die Eltern ihre Tochter, die zu einem »schönen und üppigen Mädchen aufgeblüht« ist.

2. DEUTUNG UND KRITIK

Es ist schon manche gelehrte Abhandlung darüber geschrieben worden, ob es sich bei Kafkas Ungeziefer um einen Käfer (wenn ja: was für einen), um eine Küchenschabe oder ein sonstiges Insekt handelt. Vieles spricht dafür, daß Kafka eine Art Käfer vor seinem geistigen Auge hatte, aber dieser Käfer schnauft, blinzelt (hat also offenbar Augenlider), bläht seine Nüstern, spricht und hat viele Beine, jedoch offenbar keine Flügel – jedenfalls spreizt er sie nie. Dem Dichter, der nebenbei gesagt weder von Zoologie eine Ahnung hatte noch den Ehrgeiz hegte, die Entomologen unter den Lesern zu befriedigen, war die mangelnde Übereinstimmung der Merkmale des verwandelten Gregor Samsa mit irgendeiner Insektenspezies offenbar schnuppe. Aus gutem Grund. Jenes Wesen, das auch hier der Einfachheit halber Käfer genannt wird, ist ein Symbol. Es versinnbildlicht das Fremdartige, Ekelauslösende, das Gräßliche, das entwicklungsgeschichtlich wie anatomisch Niedrige. Seine Existenz ist eine Provokation, die zum Prüfstein für die Werte seiner Umwelt wird, insbesondere die seiner Familie.

Da wird also ein Handelsverteter in einen Käfer verwandelt – na und? Auf »na und« gibt es, wie Vladimir Nabokov in seiner ziemlich schlampigen Studie zur Verwandlung meint, »keine vernünftige Antwort.« Das stimmt nicht ganz. Es kommt darauf an, wann dieses »na und« ausgestoßen wird. Man sollte ratlose Leser nicht gleich am Anfang ausgrenzen. Versuchen wir also, uns diesem spröden Brocken Weltliteratur anzunähern.

Die Verwandlung ist offen für unterschiedliche Interpretationsansätze.

In der marxistischen Deutung legt das Käfer-Sein die doppelt inferiore Stellung Gregors gegenüber dem ausbeuterischen Chef und dem autoritären Vater bloß. Die Familie agiert als Ideologiefabrik, und die Ideologie heißt Unterwerfung.

Die psychoanalytische Interpretation sieht in der Käferexistenz ein Symbol für die Kastration des Sohnes und in der Erzählung selbst die literarische Verarbeitung von Kafkas Vaterkomplex und seinen Schuldgefühlen gegenüber dem Vater.

Die religiöse Interpretation des Werks ist ebenso schlicht wie abwegig: Es bedarf nur einiger exegetischer Purzelbäume, um aus Gregor Samsa einen Heiland zu machen, der die Sünden des familiären Mikrokosmos auf sich lädt – schmählich verraten von seiner Schwester Grete, die den Judas-Part übernimmt.

Eine näherliegende Deutung erkennt in dem Werk eine Parabel auf das leidende Genie in seiner Doppelgestalt als Schreckensauslöser und Objekt der Ausbeutung.

Und schließlich kann man in der Erzählung auch eine Studie über das Scheitern der symbiotischen Wechselbeziehungen zwischen Schmarotzer und Versorger sehen.

Ich halte die beiden letztgenannten Deutungen für die bestechendsten, räume aber ein, daß man den psychoanalytischen Ansatz nicht so einfach vom Tisch wischen kann, wie Nabokov das tut: Auch wenn Kafka (»gerade weil Kafka ... «, würde der Psychoanalytiker sagen) die Lehre Freuds als »hilflosen Irrtum« ansah und mit Gregor Samsa sicher keine literarische Fallstudie zum Ödipuskomplex liefern wollte, so schließt das keineswegs aus, daß seine Erzählung die künstlerische Verarbeitung einer neurotischen Störung ist.

Wie auch immer: Der künstlerische Rang der Erzählung ist unbestreitbar. Kafkas verzweifeltem Helden passiert nichts Beliebiges oder Belangloses. Alles hat seine Bedeutung. Zwei Szenen mögen dies verdeutlichen:

Der Vater bombardiert Gregor mit Äpfeln. Einer der Äpfel dringt in den Panzer des Käfers ein und verfault dort in den folgenden Wochen.

Warum Äpfel? Warum nicht billiges Geschirr oder Schuhe? Weil hier die Ambivalenz der väterlichen Autorität sichtbar gemacht werden mußte. Das fürsorglich-ernährende Element einerseits, das beherrschend-strafende andererseits. Nur haben wir hier kein Nebeneinander beider Elemente mehr, sondern die Pervertierung des einen zum anderen. Weiter: Der Apfel dringt, was physikalisch schwerlich einleuchten will, durch den Chitinpanzer des Riesenkäfers und führt dort zu einer Entzündung. Gregor wird an seiner für am wenigsten verwundbar gehaltenen Stelle verletzt, am Panzer, unter dem sich, um es noch einmal zu sagen, bei Käfern die Flügel verbergen, derer sich Gregor nie bewußt wird. Das ist eine großartige, jede Hoffnung zerstörende Darstellung von Macht, die noch gekrönt wird von der beiläufigen Erwähnung der Fäulnis, die das Geschoß auslöst. Es ist etwas faul an der angeblich naturgegebenen Autorität, aber es zerstört dennoch.

Ähnlich vielsagend ist die Musikszene: Die drei bärtigen Zimmerherren, Symbole einer uniformen Spießigkeit, erhoffen sich von Gretes Geigenspiel eine gemütliche Unterhaltung. Als sie das Gekratze zu amateurhaft anmutet, widmen sie sich wieder ihrem Gequassel. Der einzige, der mit liebevollem Interesse zuhört, ist Gregor. Er öffnet die Tür, die Mieter sehen ihn, finden seine Existenz skandalös und kündigen augenblicklich. Noch am selben Abend wird Gregor ausgerechnet von dem Menschen verraten, dem seine ganze Liebe galt, nämlich von der blamierten Schwester.

Kafka hat sich, was die Form der Erzählung anlangt, für einen nüchternen, quasi-dokumentarischen Berichtstil entschieden, der das Unheimliche des Geschehens umso schmerzlicher hervorhebt. Weil der Stil als beispiellos gilt, hat man sich angewöhnt, ihn »kafkaesk« zu nennen (auch wenn ich jetzt von allen Kafkaniern Haue beziehe, muß ich vorlaut anmerken, daß Kafka m.E. stilistisch auf den Schultern von E. A. Poe steht).

Die Handlung hat eine doppelte Dynamik mit zwei sich überschneidenden Kurven: In dem gleichen Maße, in dem es mit Gregor bergab geht, fassen die unmündig gewordenen Schmarotzer wieder Tritt, und je mehr sie sich ihrer Fähigkeit bewußt werden, für sich selbst zu sorgen, desto ausgeprägter wird ihre Neigung, sich des Käfers zu entledigen.

Hervorzuheben bleibt das dem Märchen entstammende Dreiermotiv: Gregor hat drei Familienmitglieder, zu Gregors Zimmer führen drei Türen, die Familie verschleißt drei weibliche Bedienstete, hat drei Mieter und schreibt am Ende drei Briefe. Und schließlich: Gregor hat drei Leben. Das erste bis zur Übernahme der Verantwortung für die Familie, das zweite bis zur Verwandlung und das dritte bis zu seinem kläglichen Ende.

3. FRANCIS KAWKER: GREGIS VERWANDLUNG
(1. Folge des Vorabdrucks im STERN)

Als die Mitglieder der WG eines Morgens fast gleichzeitig aus ruhigen Träumen erwachten, brauchte es einige Augenblicke, bis sie begriffen, was sie aus dem Schlaf gerissen hatte. Sie trotteten nacheinander zur Gregis Zimmertür, durch die ein bis dahin nie gehörtes Raspeln, Sägen, Mahlen und Knirschen drang. Nadi, die als Esoterikerin den meisten Mut hatte, öffnete die Tür einen Spalt breit, prallte aber erbleichend zurück. Andy blickte sie fragend an und warf dann, eher verwirrt als entschlossen, einen Blick in Gregis Zimmer. Rasch fiel die Tür wieder ins Schloß. »Ein Käfer«, schrie Andy entsetzt, »ein Riesenkäfer. Er frißt.«

»Kommt, Leute«, sagte Nadi gefaßt, »wir müssen drüber reden.«

Andy, Nadi, Britta und Trotzki, der jetzt erst eintraf, weil er sich eine hatte drehen müssen, trotteten verstört ins Gemeinschaftszimmer.

»Was frißt er denn da eigentlich?« fragte Britta mit brüchiger Stimme. »Alles«, stöhnte Andy. »Ich hab mir da gestern mit Gregi noch'n Gummiadler reingepfiffen. Die Reste waren schon weg, die Pappteller auch, in der letzten Rotweinflasche is nix mehr drin – ach du Scheiße, und wir hatten doch auch Plastikbesteck, da ist nix mehr von zu sehen, und wenn ich's richtig geblickt habe, ist er grad dabei, sich das Federbett reinzumülmen.«

»Vom materialistischen Standpunkt aus gesehen«, tönte Trotzki, »leidet ihr unter Wahrnehmungsstörungen. Andy, mein Alter, du hättest nicht so viel Rotwein mit Tequila trinken sollen.«

»Tequila, was is ...« setzte Britta an, verfiel dann aber mit den anderen in erschrockenes Schweigen, da die mahlenden Geräusche in Gregis Zimmer lauter wurden.

»Den Tequila«, erklärte Andy tapfer, »hat der Azteke von Nadi mit mir niedergemacht, nachdem sie ihn rausgeschmissen hatte.«

»Na, vielleicht hat er eine seiner Sackratten dagelassen, und ihr habt euch eben bloß verkuckt«, raunzte Trotzki ungerührt. Britta fing an zu schluchzen. »Also echt«, schniefte sie, »ich muß jetzt echt mal meine Betroffenheit einbringen. Der Nadi gehts nicht gut wegen dieser Beziehungskiste, und jetzt soll das auch noch Einbildung sein, was sie gesehen hat und überhaupt soll sie noch schuld dran sein, wo sie schon so total tapfer war, ich mein, wer hat denn die Tür als erste aufgemacht?«

Alle schrieen durcheinander.

Bis Nadi aufstand und die WG mit einer priesterlichen Geste zum Schweigen brachte. »Ich nehme mich ab jetzt voll zurück«, raunte sie, »weil – es ist nämlich alles Gregis Karma. Ich habe es irgendwo vorausgesehen, als er mit dem Äitsch anfing. Er muß da durch. Wir müssen das respektieren, nä, sonst gehen irgendwo seine Lebenszusammenhänge verloren.«

Britta schluchzte noch heftiger. »Aber kann das denn angehen, daß'n Junkie sich in'n Käfer verwandelt? Andy, du bist doch'n Öko, nu sag doch mal was«, heulte sie.

»Normal nicht«, murmelte Andy unsicher. »Es gibt Persönlichkeitsveränderungen und so, aber daß einer von den Säugetieren rüberwechselt zu den Insekten, von so'm ganz normalen Schuß Äitsch, das is echt neu.«

Nadi flüsterte dräuend, wenn es nicht die aktuelle Heroinabhängigkeit sei, dann komme auch Maja in Frage.

»Ja ja, die Biene Maja«, höhnte Trotzki.

»Nein, Bruder«, lächelte Nadi mild, »das ist eine Art Strafe für schwere Vergehen in einem früheren Leben. Vielleicht war er mal Tyrannosaurus oder sowas und hat solche Käfer gefressen, und jetzt mußte er selbst einer werden und wird ein ähnliches Schicksal erleiden. Sowas rächt sich.«

Das Mümmelgeräusch in Gregis Zimmer verstärkte sich wieder. Andy ging nachschauen, kam zurück und meldete, der Käfer habe sich gerade Gregis Kopfkissen reingezogen.

»Also Genossen«, murrte Trotzki, »das ist doch alles bürgerlich-idealistischer Scheiß. Ich meine, vom materialistischen Standpunkt aus gesehen. Gregi ist doch kein Käfer, also ich bitt euch. Wir sind doch hier nicht in Transsylvanien oder Kafkanien oder Kaukanien oder wie das heißt. In echt hat der Gregi sich verpißt und uns das Vieh dagelassen. Weiß der Henker, wo er das her hat. Vielleicht ist das so'ne AKW – Mutation.«

»Genau«, schrie Andy, »das Teil hat Ähnlichkeit mit den Maikäfern aus meiner Jugend. Nur größer.«

Trotzki nickte. »Wär nicht schlecht, weil, da brauchen wir ja auch keine Hemmungen zu haben, ihn an'n Zoo zu verscheuern.«

»Gregi, Gregi«, kreischte Britta und stürmte aus dem Zimmer, »sie wollen dich verkaufen!«

Im nächsten Heft: Britta zieht aus – Sensation in der Fachpresse – Streit um die Verteilung des Honorars.

HERMANN HESSE

Siddharta

1. DIE GESCHICHTE

Schauplatz des Romans ist das vorkoloniale Indien. Sein Titelheld, ein Brahmane, also Mitglied der obersten und deshalb als heilig geltenden Hindukaste, kehrt sich als junger Mann von den starren Riten und Weisheitslehren seiner Kaste ab und macht von da an auf der Suche nach Erkenntnis, Wahrhaftigkeit und dem richtigen Leben die unterschiedlichsten Erfahrungen.

Nach etwa 80 von 130 Seiten läßt Hesse seinen Siddharta folgendes Resümee ziehen:

>»Wunderlich in der Tat war mein Leben, so dachte er, wunderliche Umwege hat es genommen. Als Knabe habe ich nur mit Göttern und Opfern zu tun gehabt. Als Jüngling habe ich nur mit Askese, mit Denken und Versenkung zu tun gehabt, war auf der Suche nach Brahman, verehrte das Ewige im Atman. Als junger Mann aber zog ich den Büßern nach, lebte im Walde, litt Hitze und Frost, lernte hungern, lehrte meinen Leib absterben. Wunderbar kam mir alsdann in der Lehre des großen Buddha Erkenntnis entgegen, ich fühlte Wissen um die Einheit der Welt in mir kreisen wie mein eigenes Blut. Aber auch von Buddha und dem großen Wissen mußte ich wieder fort. Ich ging und lernte bei Kamala die Liebeslust, lernte bei Kamaswami den Handel, häufte Geld, vertat Geld, lernte meinen Magen lieben, lernte meinen Sinnen schmeicheln. Viele Jahre mußte ich damit hinbringen, den Geist zu verlieren, das Denken wieder zu verlernen, die Einheit zu vergessen. Ist es nicht so, als sei ich langsam und auf großen Umwegen aus einem Mann ein Kind geworden, aus einem Denker ein Kindermensch? Und doch ist dieser Weg sehr gut gewesen (...) Aber welch ein Weg war das! Ich habe durch so viel Dummheit, durch so viel Laster, durch so viel Irrtum, durch so viel Ekel und Enttäuschung und Jammer hindurchgehen müssen, bloß um wieder ein Kind zu werden und neu anfangen zu können.«

Der erfolgreiche Geschäftsmann Siddharta, mittlerweile Ende vierzig und selbstmordgefährdet, steigt abermals aus und kehrt zu dem Fährmann Vasudeva zurück, den er zwei Jahrzehnte zuvor als Samana, als asketischer Waldmönch, flüchtig kennengelernt hatte. Er tut sich mit ihm zusammen und führt ein beschaulich-karges Dasein am Fluß.

Eines Tages spricht sich die Nachricht herum, Gotama Buddha »werde bald seinen letzten Menschentod sterben, um zur Erlösung einzugehen.« Von nah und fern strömen die Menschen zusammen. Die Kurtisane Kamala, die von Siddharta einen Sohn hat, was dieser noch nicht weiß, muß auch auf Vasudevas Fähre über den Fluß, wird aber kurz zuvor von einer Schlange gebissen und stirbt. Siddharta nimmt sich des Elfjährigen an, aber aus dem erhofften späten Vaterglück wird nichts. Der Kleine haßt das entbehrungsreiche Leben in der Wildnis ebenso wie den ständig nachgiebigen Vater, der zum ersten Mal in seinem Leben »diese stärkste und seltsamste Leidenschaft«, nämlich die Liebe spürt. Nach kurzer Zeit brennt der Junge mit der Fährenkasse durch und verschwindet aus seinem Leben. Trotz seines Schmerzes erkennt Siddharta in seinem Schicksal das seines Vaters wieder, den er verlassen hatte, um sein eigenes Leben zu führen. Er findet über die Stimmen des Flusses, in denen er alle menschlichen Stimmen zu hören vermeint, die klagenden wie die lachenden, und die zu einem einzigen Zauberlaut der Einheit verschmelzen, dem berühmten »Om«, zu seinem Seelenfrieden zurück.

Nachdem Vasuveda in großer Gelassenheit und Heiterkeit gestorben ist, trifft Siddharta noch einmal seinen Jugendfreund Govinda, einen Anhänger Buddhas, der ihn nach seiner Lehre fragt. Siddharta gibt seiner Skepsis gegen jede Lehre Ausdruck. »Weisheit ist nicht mitteilbar«, sagt er. Und vor allem: Jede Lehre leugnet den Gedanken der Einheit, denn sie erklärt etwas für wahr, obwohl das Gegenteil ebenso wahr ist. Sie muß bejahen, verneinen, unterscheiden und untergliedern. Dabei, so Siddharta, ist alles eins, Gut und Böse, Leid und Seligkeit, ja sogar die Zeit, die nicht »wirklich« ist, da sich alles wiederholt. Seine Liebe, so fährt er fort, gilt den Dingen und allen Lebewesen, nicht den Worten, den Lehren, den Gedanken.

Govinda hebt die These Buddhas hervor, daß Wohlwollen und Mitleid erlaubt seien, nicht aber die Liebe, weil sie eine Fessel an Irdisches darstelle. Siddharta lächelt. Er weiß sich einig mit Buddha, der zwar die Liebe verdammt, aber selbst die Menschen geliebt habe, da er sonst nicht sein ganzes Leben habe verbringen könne, »ihnen zu helfen, sie zu lehren«.

Als Govinda seinen Freund zum Abschied auf die Stirn küßt, hat auch er plötzlich die Vision der Einheit in der Vielheit, und er sieht im Gesicht seines Freundes das »Lächeln der Einheit über den strömenden Gestaltungen, dies Lächeln der Gleichzeitigkeit über den tausend Geburten und Toden«.

2. DEUTUNG UND KRITIK

Protestantische Obergurus weisen gern darauf hin, welche Blüten die deutsche Literatur- und Geistesgeschichte der Aufhebung des Zölibats für evangelische Pfarrer verdankt. Mag sein. Bedenkt man andererseits, wie viele Wahnsinnige und Neurotiker unter den Kulturschaffenden gerade protestantischen Pfarrhäusern entstammen – von Hölderlin über Nietzsche bis zu Ingmar Bergmann – ist man manchmal dem ketzerischen Gedanken nicht mehr fern, daß der Zölibat im Interesse der Verringerung des Leidens in und an der Welt hätte erhalten bleiben sollen.

Auch Hermann Hesse war Pfarrersohn, mehr noch: Sein Vater war ein im Baltikum aufgewachsener Missionar, der nach dreijährigem Indienaufenthalt aus klimatischen Gründen schlappgemacht hatte und fortan Missionsliteratur bearbeitete, während seine Mutter von einem calvinistisch-pietistischen Paar abstammte, das gleichfalls fanatisch in Indien herummissioniert hatte.

Hesse litt unter einer spezifischen Kombination aus autoritärer Schulerziehung (siehe sein autobiographischer Jugendroman »Unterm Rad«) und »Gottesvergiftung« (Tilmann Moser). Zeitlebens war er dem religiösen Denken und der spezifisch deutschen Innerlichkeit verhaftet, wenngleich er auch immer wieder versuchte, den vom Christentum vorgegebenen Rahmen zu sprengen und, sicherlich angeregt durch die Biographie seiner Eltern, Gemeinsamkeiten der indischen wie der europäischen Offenbarungen und Weisheitslehren herauszuarbeiten.

Dieses Bemühen findet unmittelbaren Niederschlag in seinem Werk. »Narziß und Goldmund« ist die Geschichte eines ungleichen Freundespaars zwischen Kloster (!) und vagabundierendem Künstlerleben. Das »Glasperlenspiel« schildert das utopische Schicksal der Ordensprovinz (!) Kastalien, wobei das Spiel selbst eine Art Symbol geistiger Einheit und Selbstzucht ist. Der »Steppenwolf« schließlich, der in den späten Sechzigern eine Renaissance insbesondere in den USA erlebte – eine Popgruppe, der wir das unsterbliche »Born To Be Wild« verdanken, benannte sich nach ihm –, ist die Story eines einsamen Neurotikers, der, hin- und hergerissen zwischen stolzem Bewußtsein seiner Andersartigkeit und der Sehnsucht nach kleinbürgerlicher Geborgenheit, in die Rauschgiftszene (Zugabe: bisexuelle Mädchen) gerät und am Ende seine Geliebte ersticht.

Literaturgeschichtlich gesehen ist das Werk Hesses das letzte verspätete Aufbäumen der reinen Romantik, aber es ist deshalb nicht schon obsolet, denn es enthält auch moderne Züge insofern, als es die belletristische Tür weit aufstößt für das Werk von Freud und Jung, ferner für die indischen und chinesischen Geistestraditionen. Und schließlich ist der Steppenwolf auch ein Vorbote des Existenzialismus.

Was nun den Siddharta anlangt, so muß man Hesse zugute halten, daß er diese »indische Dichtung« nicht nur niedergeschrieben, sondern selbst durchlebt hat. Er spricht von der »Erfahrung, daß es unsinnig ist, etwas schreiben zu wollen, was man nicht gelebt hat«, und fährt fort, er habe »ein Stück asketischen und meditierenden Lebens nachholen müssen, ehe mir die seit Jünglingszeiten heilige und wahlverwandte Welt des indischen Geistes wieder wirklich Heimat werden konnte«.

Im Grunde aber sind die Stationen von Siddhartas Leben ebenso trivial wie ihre Ablehnung durch Hesse/Siddharta selbst: Dem hohlen religiösen Ritual folgt die Unterdrückung der eigenen Natur durch Askese, alsdann das dumpfe Erwerbsstreben (inclusive Unterdrückung der Mitmenschen) und die Sinnenlust ohne Liebe. Am Ende siegen Einheit und Liebe jenseits des Dogmas in einem Milieu äußerster und sicherlich nicht beispielgebender Kargheit.

Die Lebensgeschichte des Helden ist zugleich wieder eine ins Exotische verkleidete Autobiographie seines Schöpfers Hesse, der – im Klartext gesprochen – über pietistisches Zeremoniell, über Askese, Sinnenlust und

Erwerbsstreben am Ende zur Offenbarung der Einheit und der Liebe gelangt – aber lassen wir es ihn selbst sagen:

»Daß mein Siddharta nicht die Erkenntnis, sondern die Liebe obenan stellt, daß er das Dogma ablehnt und das Erlebnis der Einheit zum Mittelpunkt macht, mag man als Zurückneigen zum Christentum, ja als einen wahrhaft protestantischen Zug empfinden.«

Na ja, den Gedanken der Einheit wohl nicht, denn der ist, mit Verlaub, nicht abendländisch, geschweige denn europäisch. Dieser Gedanke, der heute im Rahmen der esoterischen Subkultur und der New-Age-Pop-Philosophie erstmals in Europa ernsthafte und völlig unverdiente Erfolge zu verzeichnen hat, bedeutet ja eine Abkehr von allem Unterscheiden und Differenzieren sowie eine Hintanstellung allen Abgrenzens. Notwendige Folge sind die Vernachlässigung der Naturwissenschaften, der Ethik und des Rechts. Der gesamte Einheitsquark ist nichts als ein Placebo gegen die Unübersichtlichkeit der Welt. Es hilft für den Augenblick, aber nicht auf Dauer.

3. SHITHARDER

Zu seinem erhabenen Vater schritt Shitharder, der schöne Brahmanen-
sohn. »Mögest du«, begann Shitharder, ehrerbietig sein Gewand raffend
und sich verneigend, »meine Bitte vernehmen.« Schweigend nickte der
Erzeuger Gewährung.

Sprach Shitharder: »Heftig bedrängt mich mein Jugendgespiele
Gowinsla, unzweideutig ist sein Begehren, wenn er ins Gesträuch mich zu
zerren sich anschickt. Verlassen muß ich die Stätten meiner Jugend, um
nicht mit Schande zu besudeln unsere Sippen und die Brahmanenkaste.
Möge mein Vater dem nicht entgegen sein.«

Antwortete der Vater: »Wohl gesprochen, o Sohn. Suche das Brahman,
verehre das Atman, aber sei kein Blödmann und nimm diesen Flachmann,
falls dich gelegentlich nach etwas anderem dürsten sollte als nach Erkenntnis. Mögest du dein Glück finden.«

Er überreichte das Fläschchen und wandte sich ab, Zähren des Schmerzes auf seinem Antlitz.

Auf seiner Wanderschaft sah der Jüngling einen Schafbock ein Schaf ram-
meln, er sah im Wald, wie die Vögel einander bezwitscherten, und gewahrte
auf dem Feld, wie der Bauer die Bäuerin begattete. Die Mädchen in den Dör-
fern sahen ihn an, den Schönen, mit Mündern wie aufgebrochene Feigen, und
als die Feigen auf den Bäumen ihn anblickten wie geöffnete Mädchenlippen,
wußte Shitharder, daß die Zeit des Samsara-Doingdong gekommen war. Er
wandte sich der Stadt zu und suchte die berühmte Kurtisane Kamelia auf.

Sprach Shitharder: »Weise mich, o erhabene Nutte, in den Kult der Lust
ein.« Lachen mußte da die Kurtisane. »Die Jünglinge, die mich besuchen«,
versetzte sie, »haben Pomade im Haar, Geld in den Beuteln und Samen in
den Säcken. Letzteres magst wohl auch du haben, staubiger Brahmane, doch
bedarf es in Sonderheit des Geldes, wenn du Kamelias Freund sein willst.«
Shitharder holte Geld aus seinem Beutel, trank den Flachmann leer und
beging die erste holde Liebesfeier mit Kamelia.

Als die 3497 Spiele aus den Lehrbüchern durchgearbeitet waren und es
Shitharder auf Dauer nicht gelungen war, sein als Kaufmann erworbenes
Geld beim Würfeln zu verlieren, ward er von der Krankheit der mittleren
Jahre ergriffen und floh als Pilger in die Wälder zum Fährmann Vaselina.

Dieser lehrte ihn, die verschüttete Weisheit ans Licht zu bringen. Shitharder wußte um alles Göttliche wieder. Sprach Vaselina: »Eitel Tand sind Lust
und Reichtum, Hemmnisse für das Nirwana und die Offenbarung der Einheit, denn siehe: Nichts war, nichts wird sein, alles hat Wesen und ist wirklich wie unwirklich; Bejahung ist Verneinung, also ist Lehre Unfug, denn
alles ist irgendwo eins, Gut und Böse, Wut und Möse, Arm und Reich, alles
klar?«

Antwortete Shitharder: »Irgendwo schon. Ich spüre mein Ich in die Einheit fließen, was immer das heißen mag.«

»Wohl gesprochen«, sprach Vaselina lächelnd, »doch jetzt entschuldige
mich. Ich muß mich zu jenem Balken dort begeben, da ich trotz des
Einerlei-Bewußtseins unter der Ruhr leide und mich der schnellen Entlee-
rung anheimgeben muß.«

»Schön gesagt«, lächelte auch Shitharder, »und froh bin ich, daß ich diese
Erscheinung nicht habe.«

Vaselina, bereits in der Hocke, wollte trotz mißlicher Lage »Nomen est
Omen« sagen, aber kam nur bis »Nomen est Om … « und mußte dann inne-
halten, um ächzend die Reste seines indischen Halbverdauten abzusondern.

CARL ZUCKMAYER

Der Hauptmann von Köpenick

1. HANDLUNG

Der Schuster Wilhelm Voigt hat 15 Jahre gesessen, weil er die Reichspost um 300 Mark erleichtert hatte. Danach hat er weitere Jahre im Knast und im Ausland verbracht, wo er sich als Arbeiter in Schuhfabriken über Wasser hielt. Nach seiner Rückkehr in die Heimat war er abermals wegen einer Kleinigkeit (Paßfälschung) in die Mühlen der Justiz geraten. Resultat: 15 Monate. Nach seiner Entlassung – das ist der Zeitpunkt, da das Drama einsetzt – wiederholt sich der Teufelskreis: Er bekommt in Preußen keine Aufenthaltserlaubnis, weil er keine Arbeit findet, und keine Arbeitserlaubnis, weil er keinen Paß vorweisen kann, der die Aufenthaltserlaubnis verkörpert, nebenbei auch, weil er nicht »gedient« hat. In seiner Not bricht er ins Potsdamer Polizeirevier ein, um sich einen Paß zu beschaffen, und kriegt weitere 10 Jahre aufgebrummt.

Zur gleichen Zeit hat sich Hauptmann von Schlettow beim Uniformschneider Wormser eine Paradeuniform schneidern lassen, die jedoch nicht mehr abgeholt wird, weil der Hauptmann in eine Feierabendschlägerei mit einem betrunkenen Grenadier gerät und seinen Abschied nehmen muß. Wormser gelingt es, die Uniform dem eitlen Reserveleutnant Obermüller anzudrehen, der damit seiner Mutter imponieren will. Zehn Jahre später, Voigt ist gerade wieder aus dem Knast entlassen worden und Obermüller zum Bürgermeister von Köpenick aufgestiegen, braucht letzterer, mittlerweile fett geworden, eine neue Uniform. Die alte gibt er bei Wormser in Zahlung, der seine alberne Tochter damit ausstaffiert, um sie bei einem Offiziersball zweifelhafte Lieder vortragen zu lassen, bis sein tolpatschiger Sohn Willy den Tisch umkippt und der Sekt sich über das betagte Tuch ergießt, das darob beim Trödler landet.

Voigt, mittlerweile 56jährig, ist bei seiner Schwester untergekommen, doch sein Aufenthalt ist nicht von Dauer. Wieder sitzt er vergeblich in

Behördenfluren, bis ihn eines Tages die Ausweisungsverfügung ereilt. Sein biederer Schwager Hoprecht rät ihm, sich zu fügen – wie er sich selbst freudig fügt, obwohl ihn gerade mit der Wucht eines Schicksalsschlages die Versagung der erhofften Beförderung zum Reservefeldwebel getroffen hat. Voigt, der begriffen hat, welchen Stellenwert die Uniform in Preußen genießt, und die durchmilitarisierte Denkstruktur seiner Mitmenschen durchschaut, ist es endgültig leid, der Getretene zu sein. Er will etwas tun, um seine Selbstachtung und die seines Herrgotts wiederzugewinnen (»... Gott ... fragt dir ins Jesichte: Willem Voigt, wat haste jemacht mit dein Leben? Und da muß ick sagen – Fußmatte, muß ick sagen. Die hab ick jeflochten im Jefängnis, und denn sind se alle druff rumjetrampelt ... Aber der sagt zu dir: Jeh wech! sagt er! Ausweisung! sagt er!«). Und er hat eine Idee. Er kauft sich vom Trödler die Uniform, zieht sich um, bringt einen ihm zufällig entgegenkommenden Trupp Wachsoldaten unter sein Kommando, besetzt das Rathaus und beschlagnahmt die Kasse.

Doch obwohl alles wie am Schnürchen klappt – die Soldaten sind abkommandiert und Voigt ist mit mehr als 4000 Reichsmark allein –, scheitert der Coup, weil Voigt sich im entscheidenden Punkt geirrt hat: Das Rathaus hat keine Paßabteilung, und gerade auf den Paß war es ihm angekommen. Während ganz Berlin einschließlich des Kaisers über den Reinfall der Gehorsamsmarionetten lacht, meldet sich ein deprimierter Voigt nach zwei Wochen bei der Polizei, und zwar mit einem letzten Vorstoß, den er selbst nicht mehr so recht ernst nimmt: Er verspricht, gegen Erteilung eines Passes den hektisch gesuchten Hochstapler auszuliefern. Seinen Teil des Vertrages erfüllt er.

2. DEUTUNG UND KRITIK

Das »deutsche Märchen in drei Akten« (Untertitel) ist in 21 Szenen gegliedert. Den Inhalt der 18. und 19. Szene, in denen sich die eigentliche Story abspielt, kennt jedes Kind: Ein als Hauptmann verkleideter Ex-Knacki besetzt mit einigen von ihm aufgelesenen Wachsoldaten das Rathaus von Berlin-Köpenick, verhaftet den Bürgermeister und reißt sich die Gemeindekasse unter den Nagel. Die Geschichte ist verbürgt. Sie hat sich am 16. 10. 1906 tatsächlich so abgespielt.

Aber »die tatsächlichen Begebenheiten bilden«, so Zuckmayer in der Vorbemerkung, »nur den Anlaß zu diesem Stück.«

Was zuallererst ins Auge fällt, ist die absolute Authentizität der Sprache. Zuckmayers Helden sprechen nicht etwa durchgängig die Hochsprache der deutschen Klassik, sondern quatschen drauflos, wie ihnen der Schnabel gewachsen ist. Sowohl die Klassenzugehörigkeit als auch die geographische Herkunft schlagen sich unmittelbar in der Redeweise nieder. Hochdeutsch redet kaum jemand, und wenn, ist es nicht das Hochdeutsch der Dichterlesung, sondern das grauenhafte Bürokratendeutsch der Beamten und das geziert-devote Gewäsch der Emporkömmlinge. Auf der Dialektebene hört man die Leute vor allem berlinern, und zwar farbig und mit kernigstem Mutterwitz, aber man kommt auch in den Genuß der rheinischen, westpreußischen, bayrischen, hamburgischen und sogar der elsässischen, nicht zu vergessen der jiddischen Mundart. Auf der soziologischen Ebene werden die Unterschiede zwischen dem schneidigen Kasinoton der Offiziere, dem prätentiösen Stil der Halbgebildeten, dem farbigen Slang der kleinen Leute und dem Rotwelsch der Gauner sichtbar. Zuckmayer erweist sich so als souveräner Menschengestalter.

In seiner Komödie ist die lange Vorgeschichte dessen, was heute dem Genre »Köpenickiade« zugerechnet wird, ein Prozeß des Verstehens, des Durchschauens. Dem ewigen Pechvogel Voigt wird durch seine praktischen Erfahrungen immer klarer, welche Bedeutung die Uniform in Preußen hat. Mit ihr stellt man etwas dar, ohne sie ist man ein Dreck, und wehe dem, der keine im Schrank hat. Sie repräsentiert Staatstreue, Ansehen, Erfolg, Befehlsgewalt und damit Macht. In die Enge getrieben, bedient Voigt sich ihrer. Ihm kommen dabei die Kenntnisse zugute, die er im Knast erworben hat – nicht, wie üblich, durch Vermittlung der schweren Jungs, sondern durch die Militärleidenschaft des Gefängnisdirektors, der seine Häftlinge in einer Art Laientheater dazu benutzt, die Schlacht von Sedan nachzustellen.

Indem Voigt die Uniform anzieht und Angehörige von Militär und Verwaltung eines ganzen Hauptstadtbezirks herumscheucht wie Schulkinder, stellt er ein politisches System bloß, das auf das reibungslose Funktionieren von Befehl und Gehorsam gegründet ist, das selbständige Denken verkümmern läßt und damit den Sieg der Hirnlosigkeit vorprogrammiert. Insofern ist dieses deutsche Märchen, wie der Dichter sagt, »ein Gleichnis für das, was nicht vorbei ist.«

Und diese nackte Hirnlosigkeit findet ihren unmittelbaren Ausdruck im Gerede derer, die sich für gebildet halten. »Was sag ich immer?« schwatzt Wormser, »Der alte Fritz, der kategorische Imperativ und unser Exerzierreglement, das macht uns keiner nach! Das und die Klassiker, damit hammer's geschafft in der Welt!« Kant und Schiller sind tot, sie können sich nicht gegen den Schulterschluß mit dem Exerzierreglement wehren.

Ebensowenig wie gegen Obermüller, der ständisches Denken und Liberalismus miteinander verquirlt: »Das Große ist bei uns die Idee des Volksheeres, in dem jeder Mann den Platz einnimmt, der ihm in der sozialen Struktur der Volksgemeinschaft zukommt. Freie Bahn dem Tüchtigen! Das ist die deutsche Devise!«

Über diesem trüben Denken schwebt der unselige Geist Hegels, der den preußischen Polizeistaat als die Materialisierung des Weltgeists ansah, mit der Folge, daß dem Staat kritiklose Verehrung zusteht. Auch Hoprecht, der Mann »mit starkem, klarem Gesicht«, wie Zuckmayer in einer Regieanweisung betont, ist nicht frei von dieser verderblichen Ehrfurcht. Obwohl seine Beförderungshoffnungen gerade enttäuscht worden sind, ist er felsenfest davon überzeugt, daß jeder bekommt, was ihm zusteht (»das kriegste, dafür sind wir in Preußen«). Von wegen! Voigts Eingaben, Bitten und Anträge werden alle abgeschmettert, und zwar aus Gründen, die jeder Bananenrepublik Ehre machen würden, nämlich aus Schlamperei, Desinteresse und Dünkel. Als Voigt beginnt, daraus die richtigen Schlüsse zu ziehen, packt seinen Schwager das nackte Grauen – so als schicke Voigt sich an, das Universum zu demolieren. »Du pochst an die Weltordnung, Willem«, barmt er. Hegel läßt grüßen.

Voigts tragische Überlegenheit zeigt sich in der Schlußszene, obwohl er dort vordergründig als der erbarmungswürdige Hanswurst vorgeführt wird. Er ist der einzige, der keinen Respekt mehr vor der Uniform hat. Als der Kriminaldirektor ihn nötigt, die Verkleidung noch einmal anzulegen und sich damit vor den Spiegel zu stellen, aufmunternd kommentiert »da kriegense Respekt vor sich«, bricht Voigt in ein verzweifeltes Gelächter aus und preßt nur ein einziges Wort hervor: »Unmöglich!«

Der Vergleich mit Michael Kohlhaas drängt sich auf. Beide werden Opfer eines offensichtlichen, von der Obrigkeit begangenen Unrechts. Beide scheitern, nachdem sie das System dem Gespött preisgegeben haben. Aber bei Voigt, der im Gegensatz zu Kohlhaas niemandem ein Haar gekrümmt hat, merkt die Spitze der Hierarchie nicht, daß sie lächerlich gemacht worden ist, und das ist eine gern übersehene Botschaft. »Mein lieber Jago«, zitiert der Inspektor den Kaiser, »da kann man sehen, was Disziplin heißt! Kein Volk der Erde macht uns das nach!«

Um es mit Erich Kästner zu sagen: In dümmlichem Stolz trinkt der Kaiser den Kakao, durch den man ihn gezogen hat.

3. DER POLIZEIHAUPTWACHTMEISTER VON KLEEFELD

Erste Szene

(Schäbig eingerichtete Wohnküche. Atze und Schorse, zwei verlebt wirkende Enddreißiger, sitzen am Tisch und trinken Bier aus der Flasche.)

Atze. Ick sare dir eins, Schorse, und ick sare et dir, weil ick dir vatraue, du kennst ma ja ooch ne janze Weile ...

Schorse. Jö jö, saat wa uns dömöls in Malorka kennjelernt höbn, ham wa aangtlich kanne Jehaamnisse mehr vornender. Du waaßt, du kännst mich elles sögen.

Atze. Jut. Also ick bin, wiede weeßt, vor zwelf Jahre rieber von Balin ßun Bund, obwohl, ich mußte ja nich, wa, weil se da keeene Wehrflicht ham. Aber ick wollte mein Vataland und iebahaupt der sichere Arbeitsplatz ... na du weeßt schon, ick dachte mir damals, et konnten ja ooch ma wieder andre Sseiten komm', wa.

Schorse. Und denne heste dich verflichtet, ne? Oof fuffzehn Jöre, ne?

Atze. Du sachst et. Und det war mein Fehler. Ick wußte ja nich, in wat für ein schlaffer Haufen ick da reinjerate. Da bin ick nu extra inner Ausbildungskompanie und mache mir vadient, weil ick aus lauter schlaffe Wixer, aus diese janze verwöhnte und verkommene Kiffer, die se uns da anliefern, richtije Männer mache, wa.

Schorse. Aber des waaß ich doch. Ooch deßte immer Ärjer krist, waal de die Bengels hacht rennehmen tust, elso daß de se schlaafst, bisse das Wasser in Arsche kocht. Da oben inne Haade.

Atze. Na ja, so alljemein war det nich det Schlimmste. Nur diese eine Jeschichte mit den Vaweijerer, der nachher die Presse erßählt hat, er wär bei de schinesische Liejestütz in mein einjebuddeltes Messer rinjekippt ... also, um et kurz zu machen, ick hab jedacht, jetz is det mit de Beförderungssperre vorbei und se machen mir endlich ßun Feldwebel ... Scheiße wat. Zwelf Jahre dabei und immer noch Stuffz. Is det korrekt?

Schorse. Jö jö, der Dank des Vöterländes. Aber die Spitzbuben lassen se in Knest leben wie in Sanatorium, und trotzdem kriejen die mehr Urlaub wie wir und ermorden pro Urlaub noch aanen, und statt daß man se'n Kopf küchzer macht, kriejen se ne neue Therapie, und unseraans?

Atze. Ick weeß, nich ma ne Umschulung spendiern se dir.

Schorse. Schaaße wes! Ich bin Umschüler, saat neusten. Und waaßte, wes? Ka'fzettmechöniker! Ich bin Kraftföhrer und se schulen mich um oof Ka'fzett! Ich kenne draa Leute, die sind Ka'fzett-mechaniker, und auf was schulen se die um? Auf Kraftfahrer! Auf die Waase kriejen wa alle wieder'n Job! Und wenn nich, schulen se uns noch mal um auf Beschäftijungstherapie für de Bekloppten.

Atze. Wat se nich saren is, det die Polacken und Russen, diese Typen, die keen Wort ordentlichet Deutsch reden, diese sojenannte Aussiedler, wa, det die uns de Jopps wechnehm. Bei'n Bund komm die ooch schon. Allet Spione, wennde mich frachst.

Schorse. Inne freie Wichtschaft ham wa's ja schon länger mitte Kuff-nucken und diese unterjetauchte Aselanten zu tun. Alle raus-schmaaßen! Deutschland den Deutschen. Wo sind wir denn hier?

Atze. Ick merke, det du ooch nich mehr vülle hältst von diesen Kanackenstaat.

Schorse. Allerdings.

Atze. Denn sollten wa uns eijentlich wiederholn, um wat se uns beschissen ham.

Schorse. Haste 'n Ding vor? Erzähl mal.

Atze. Det kann ick nur, wenn de janz ehrlich keene Schkrupel hast.

Schorse. Wo soll ich'n die herham? Durche Zaatung? Durchs Fernsehn? Die hohen Herren beraachern sich, die Oosländer schmarotzen sich durch, die Kirche gibt unsre Steuergelder nache Schwach-zen, nee, Atze, ich habe kaane Hemmungen mehr.

Atze. Jut. Paß uff. Meine Alte arbeetet in so ne Fabrik, wo se Uniformteile für de Bullerei zusammenschnippeln. Da könnt se jenuch abstaubn, det et für zwei reicht. Und denn jehn wa aufn Soßialamt und spielen Kripo.

Schorse. Und wes hem wa davön?

Atze. Na, die Kasse natürlich, die wird beschlagnahmt, wejen Unterschlagung in Amte, wa. Wennde bedenkst, wat die vabraten für all die Arbeitsscheue, wa, da liegt mehr wie uff de Bank.

Zweite Szene

(*Vor und im Kassenraum des Sozialamts. Atze und Schorse erscheinen uniformiert im Flur.*)

Atze Also los, bring wa't hinter uns. (*Er stößt die Tür auf*).

Schorse. Zurücktreten, Herrschaften, und kaane Aufrejung!

(*Vor dem Tresen stehen knapp 10 Leute. Dahinter sitzt, durch eine Glasscheibe mit taschenbuchgroßer Luke von den Sozialhilfeempfängern getrennt, der fettärschige Angestellte Edmund Kaluza, mit Krawatte und V-Ausschnitt-Pullover.*)

Kaluza. Na, mit wen von meine Kunden kann ich heute dienen? (*Murren im Vordergrund.*)

Atze. Wir bedienen uns schon selber. Sind Sie Edmund Kaluza?

Kaluza. Jau. Wat gibs?

Schorse. Machen Se auf, aber 'n bißchen zackig.
(*Kaluza steht verwirrt auf und öffnet die seitlich vom Schalter gelegene, nur von innen mit einer Klinke versehene Tür. Schorse und Atze treten ein.*)

Atze. Sie sind vorläufig festgenommen.

Kaluza. Dat kann donnich wahr sain. Ich bin hier sait zähn Jahre zugange, sait ich von Bochum wech bin. Und immer korrekt, ährlich. Wat liecht denn getz an?

Atze. Maul halten, reißen Sie sich zusammen. Sie mußten doch damit rechnen, daß det nich lange jutgehen kann. Mit diese Korrump ... na Sie wissen ja selber, diese Kassenmanipuliererei. Also keine Fisematenten, jeben se den Schlüssel meinen Kollege. Der Seef is beschlachnahmt.

1. Stimme. Schwaneraa! Was is mit maan Gelde?

2. Stimme. Wenn ich ohne die Piepen nach Hause komm, kriech 'n paar aufs Maul!

3. Stimme. Que quieren estes cabrones?

Schorse. Schnauze da draußen! Oder ich muß Sie elle verheften wejen Behinderung ... äh, der Stöötsjewalt.

Kaluza (*devot lächelnd und leise*). Könnte man die Sache nicht, äh, also, intään regeln, für dat ich dat wieder raintu inner Kasse und wir dat allens meinzwegen vagessen, äh, also, soll nich Ihr Schaden sein.

Atze und Schorse (*sehen einander sprachlos an*).

4. Stimme. Seni ortadan yok ederim, götü agir!

Atze. Fresse halten, Kanacker! Sonst tun wa dir im Sseef und valiern den Schlüssel. (*Zu Kaluza:*) Erst jestehste ma. Wievülle isset denn?

Kaluza. Ich waiset nich, ährlich. Ich weiß nur, dat getz praktisch nix drinne is in Sseef. Hier ham Se 'n Schlüssel.
(*Schorse nimmt den Schlüssel, öffnet den Safe und weicht enttäuscht zurück.*)

Schorse. Mich loost der Effe. Tötsechlich nix drinne.

Kaluza. Vor ne halbe Stunde is der Bote rüber nache Stadtkasse, für dat er dat Geld holen tut hier für de Kundschaft. Is aber noch unterwex, woll. Aber wie gesacht, könn wa dat nich ...
(*Das Telefon schrillt. Kasluza hebt mechanisch ab, bevor Atze und Schorse reagieren.*)

Kaluza! ... Ja ja, ich warte schon drauf ... wat, überfallen? Hier gleich vorn Hintereingang? Nä, nä ... jau, dat stimmt, hier sind zwei ... ach dat hat den Bote einer vonne Kunden gesacht, ... jau, ich sage es die beiden. Wiederhörn.

Atze. Wat is?

Kaluza. Dat wa der Kämmerer. Unsa Bote ist überfallen worden. Ihre Kollegen sind schon unterwegs. Sie sollen aber auch gleich hinterher, meint er. Der Räuber kann noch nich weit sein, woll, weil er am Humpeln is durch die Rollerei.

Schorse. Die werden immer frecher, die Bengels. Kömmt davön, wenn man se nich mehr an Galgen baumeln läßt.

Atze. Komm, Kolleje, jehn wa uff de Vafoljung, wa.

Schorse. Korrupte Be-emte, Räuber und Spitzbuben. Armes Dooitsch-lend!

Kaluza (*ihnen nachrufend*). Ich werd dat mit den Moos gradebiegen, bisse wieder da sind!

BERTOLT BRECHT

Der kaukasische Kreidekreis

1. HANDLUNG

Nachdem die Hitler-Armee sich zurückgezogen hat, beraten die Delegierten zweier Kolchosen darüber, was mit dem zerstörten Kaukasus-Tal künftig geschehen soll. Die Ziegenzüchter vom Kolchos »Galinsk«, der dort vor dem Krieg Ziegen gezüchtet hat, möchten wieder auf ihr Land, doch die benachbarten Obstbauern wollen ihren Kolchos »Rosa Luxemburg« erweitern. Die Experten aus der Hauptstadt empfehlen, einen Staudamm zu bauen, das gesamte Tal zu bewässern und es dem Obstbaukolchos zuzuschlagen. Dessen Delegierte sind begeistert, die Ziegenzüchter geben den »Talräubern« nach und beschließen, es künftig mit der Pferdezucht zu versuchen.

Zur Feier des Tages führt der gastgebende Kolchos »Rosa Luxemburg« ein Theaterstück auf, »das mit unserer Frage zu tun hat«, nämlich das alte Drama vom Kreidekreis:

In einer grusinischen (georgischen) Stadt herrscht der blutrünstige Gouverneur Georgi Abaschwili – jedoch nicht allzu lange, denn als es in einem der ungezählten Perserkriege schlecht um Grusinien steht, putschen die Fürsten gegen den Großfürsten und köpfen seine Gouverneure.

Die jäh verwitwete Natella Abaschwili muß Hals über Kopf fliehen, und da ihr die Garderobe wichtiger ist als ihr kleiner Sohn Michel, bleibt dieser zurück. Grusche Vachnadze, ein Küchenmädchen im Gouverneurspalast, erbarmt sich seiner und entkommt unter mancherlei Strapazen den Schergen der Fürstenkamarilla, die auf den Gouverneurssohn ein Kopfgeld ausgesetzt hat, in die Berge zu ihrem Bruder. Von der hartherzigen Schwägerin vergrault, sieht sie sich gezwungen, einen Vater für Michel zu suchen. Sie wird mit dem vermeintlich todkranken Jungbauern Jussup verkuppelt, der sich aber, als er zufällig erfährt, daß der Krieg vorbei ist, zur Überraschung der Hochzeitsgäste von seinem Sterbebett erhebt und sofort anfängt herumzukommandieren. Grusches Lage ist verzweifelt. Wider Willen lebt sie mit einem Mann zusammen, den sie nicht liebt, während ihr Verlobter, der Soldat Simon Chachava, verschollen scheint. Als er eines schönen Frühlingstages plötzlich auftaucht und Michel bei Grusche sieht, hält er den Kleinen für Grusches leiblichen Sohn. Verbittert wendet er sich ab. Gleich darauf erscheinen Panzerreiter und nehmen auf richterlichen Befehl Michel als Sohn der Gouverneurswitwe mit. Man ahnt, daß der Großfürst wieder am Ruder ist, denn die richterliche Verfügung beruht nicht auf der Absicht, Michel endgültig verschwinden zu lassen, sondern auf einer Herausgabeklage der leiblichen Mutter, also der Gouverneurswitwe. Grusche, die Michel wie ihr eigenes Kind liebgewonnen hat, möchte es nicht preisgeben, und so kommt es zur Gerichtsverhandlung.

Der Richter, ein versoffener Wilderer, heißt Azdak und verdankt sein Amt einem komischen Zufall. Er hatte nämlich einen als Bettler verkleideten Flüchtling vor der Polizei versteckt, und dieser Flüchtling war niemand anders als der Großfürst, der sich nach Rückeroberung der Macht nun erkenntlich zeigt.

Frei von dem Zwang und der Fähigkeit, geschriebenes Recht anzuwenden, setzt Azdak, nach Landessitte von mindestens einer Prozeßpartei geschmiert, seine persönlichen Gerechtigkeitsvorstellungen durch. Die freilich sind fast durchgehend akzeptabel. Azdak kennt die Menschen, das heißt er durchschaut sie. Die Gewissenlosigkeit der Großen ist ihm ebenso geläufig wie die Gerissenheit der Kleinen.

In der Verhandlung zwischen Grusche und der Gouverneurswitwe stellt sich schnell heraus, daß die leibliche Mutter den Sohn nur wiederhaben will, weil er der Erbe des geköpften Gouverneurs ist. Da beide Frauen die Mutterschaft für sich reklamieren, zieht Azdak mit Kreide einen Kreis, stellt Michel hinein, plaziert beide Bewerberinnen einander gegenüber am Rand des Kreises und tönt, die richtige Mutter werde schon die Kraft haben, das Kind aus dem Kreis zu ziehen. Die grapschige Witwe gewinnt das Zerrspiel zweimal, aber nur scheinbar: Azdak spricht das Kind der Ziehmutter zu, denn sie hat rechtzeitig losgelassen, um dem Kleinen nicht weh zu tun. Sie ist die mütterlichere, also gebührt ihr das Kind.

Azdak scheidet versehentlich auch noch Grusches Ehe – gemeint war eigentlich ein anderes Paar –, so daß diese mit ihrem Simon und mit Michel fortziehen kann. Dann legt er sein Amt nieder und verschwindet nach der »kurzen goldenen Zeit beinah der Gerechtigkeit« für immer.

2. DEUTUNG UND KRITIK

Der Kreidekreis gilt als Paradebeispiel für Brechts episches Theater und seine Verfremdungstechnik. Der Sänger Arkadi Tscheidse, der im Vorspiel als Volkskünstler (»... kann 21.000 Verse«) und als eine Art Intendant der Laienschauspieler vorgestellt wird, greift nicht in das Geschehen der Kreidekreisfabel ein, sondern kommentiert sie. Er schafft damit zugleich Distanz zwischen den dargestellten Personen und den Zuschauern, dient also als Identifikationsbremse. Die Identifikation mit den »Sympathieträgern« birgt für Brecht stets eine doppelte Gefahr, nämlich die kritiklose Übernahme des Standpunkts des Helden oder auch seines Antagonisten sowie die Fiktion des Zuschauers, das Dargestellte habe sich wirklich ereignet oder habe sich ereignen können, während es in Wahrheit Gegenstand einer Utopie ist, die nur durch revolutionäres Engagement erkämpft werden kann.

So verschieden die wirklich großen Dichter der deutschen Literatur von Lessing über Schiller, Büchner und Fontane bis hin zu Kafka auch sein mögen – sie alle ergreifen Partei für die Gedemütigten und Unterdrückten. In dieser respektablen Tradition steht auch Brecht, aber im Unterschied zu seinen Vorgängern trägt seine Utopie den Prägestempel des historischen Materialismus, was zugleich bedeutet, daß er eine konkrete Utopie sieht, verkörpert durch die UdSSR. Das führt in den Theaterstücken Brechts nicht nur zu einer ekligen Schönfärberei all dessen, was sich im Mutterland der Werktätigen zur Blütezeit des Stalinismus abspielte, sondern auch zu einer Verabsolutierung der Schattenseiten der »bürgerlichen« Gesellschaft.

Das mußte selbst im Kreidekreis durchschlagen, der auf eine für Brechtsche Verhältnisse eher unpenetrante Weise belehrend ist, in dem über weite Strecken das Volkstümlich-Witzige dominiert (Richter Azdak provoziert jedenfalls mehr Gelächter als Dorfrichter Adam in Kleists »Der Zerbrochene Krug«, der im Gegensatz zum Kreidekreis als Komödie geführt wird) und in dessen Mittelpunkt das offenkundig unpolitische Thema der Mütterlichkeit steht.

Wenn Brecht im Vorspiel sein Konfliktlösungs-Idyll vorführt, mit Kolchoshirten, die ihr Tal freudig einer Bauernkolchose überlassen, fröhlichen Delegierten, die sich ständig umarmen, und einer Staatsmacht, die nur Sachverständige und Künstler ausschwärmen läßt, die Entscheidung über die Zukunft eines Tals aber den Betroffenen überläßt (auf die von Brecht ausgeblendeten Repräsentanten der Exekutive wird heute, ein halbes Jahrhundert später, wieder geschossen, natürlich nur von Konterrevolutionären), so zeigt er damit ein, um es höflich zu formulieren, dialektisches Verhältnis zur historischen Wahrheit. Vom Himmel der Utopie wird die Brechtsche Gerechtigkeitsvariante sozusagen in den Kaukasus der vierziger Jahre heruntergeflunkert.

Die Kurzdefinition der Verfügungsgerechtigkeit liefert Brecht am Ende des Stücks, übrigens ziemlich holprig: »Daß da gehören soll, was da ist, denen, die für es gut sind, also / Die Kinder den Mütterlichen, damit sie gedeihen / Die Wagen den guten Fahrern, damit gut gefahren wird / Und das Tal den Bewässerern, damit es Frucht bringt.«

Klingt nicht schlecht, was er da schreibt, der Gipsheilige der Kinder, der Getriebe und der Täler. Nur: Was blüht den nicht so guten Müttern, den schlechten Fahrern und den Ziegenhirten? Und wer entscheidet in der klassenlosen Gesellschaft darüber, wer etwas taugt und wer nicht? Was heißt »gehören«, wenn es kein Privateigentum an Produktionsmitteln mehr gibt? Soll jeder gute Fahrer ein kleiner Fuhrunternehmer werden (unter Ausschluß dessen, der die Fahrzeuge bezahlt hat)? Was hat die elterliche Sorge für ein Kind mit der ertragsorientierten Nutzung (»damit es Frucht bringt«) eines Gebirgstals gemein? Welchen gemeinsamen Nenner gibt es zwischen der herzlosen Natella und den Ziegenhirten, wenn nicht den, daß beide die Gelackmeierten sind?

Genug der kleinbürgerlichen Haarspalterei. Halten wir fest, daß im Sozialismus nach dem inhaltlichen Er-wirds-schon-richten-Prinzip verteilt wird, während in der bürgerlichen Klassengesellschaft nach formalen Kriterien verfahren wird, schaut man doch auf solche Fetische wie die elterliche Sorge, den Kraftfahrzeugbrief und das Grundbuch. Da bleibt die Gerechtigkeit notwendigerweise auf der Strecke.

Aber im Ernst: Auch im Klassenrecht, das, um es vorsorglich anzudeuten, seit dem grusinischen Mittelalter eine gewisse Läuterung erfahren hat, gibt es die Möglichkeit der Entziehung des Sorgerechts, wenn die Eltern allzu heftig am Kind herumzerren, Kraftfahrzeuge können eingezogen werden, wenn die Täter sie zur Begehung eines Verbrechens mißbrauchen, und auch Täler können enteignet werden, allerdings – zum Trost der durch die Utopie womöglich verschreckten Ziegenzüchter sei's gesagt – nicht entschädigungslos.

Die von Brecht aus einer durchaus bestechenden Fabel von der wahren Mütterlichkeit weiterentwickelte Utopie von der wahren Gerechtigkeit hat gegenüber der rechtsstaatlichen Entwicklung in der bürgerlichen Gesellschaft zwei kleine Schwächen: Erstens ist die Utopie nicht realisierbar, zweitens nicht wünschenswert.

3. DER KAUKASISCHE LEIDESCHEISS
– ZUGLEICH EINFÜHRUNG IN DEN ANGEWANDTEN MARXISMUS IN 4 SZENEN –

Erste Szene

Der Köhler.   Die Faschisten haben unseren Buchenwald abgeholzt. Da wird die Sowjetmacht doch wohl zulassen, daß er wieder aufgeforstet wird!

Der Traktorfahrer.   Weizen ist wichtiger als Holzkohle. Also steht uns das Land zu.

Der Köhler   (*zum Kommissar*). Stellt sich die Regierung hinter diese Talräuber?

Der Traktorfahrer.   Genossen, stemmt euch nicht gegen den Fortschritt. Wo sich das Land für Ackerbau eignet, müssen Köhler und Hirten weichen. Das ist in Amerika genauso.

Kommissar   (*zum Milizionär*). Abführen die beiden. Sind verhaftet.

Einige Delegierte.   Warum?

Kommissar.   Wegen sowjetfeindlicher Hetze der eine, wegen Spionage der andere.

Kolchosdirektor.   Aber wenn wir entscheiden sollen, was mit dem Land geschieht, muß doch diskutiert werden!

Kommissar.   Ihr wollt selbst entscheiden? Ihr habt vielleicht Ideen! Das gibts ja in keinem Propagandastück! Die Partei entscheidet, ihr Mißgeburten. (*Im Hintergrund Schüsse.*) Gerade erst verhaftet und schon der erste Fluchtversuch, dz dz.

Kolchosdirektor   (*zaghaft*). Wie hat die Partei entschieden, Genosse Kommissar?

Kommissar.	Hier standen vor dem großen vaterländischen Krieg Buchen. Der Kolchos will Weizen anbauen. Also lassen wir Buchweizen wachsen. Das ist Dialektik, verstanden? Außerdem ist es billig, und die Leute sind es seit der Entkulakisierung gewohnt, Buchweizen zu fressen. Ist gut gegen Verhungern.
Der Sänger.	Einen fortschrittlichen Tod starben die beiden Konterrevolutionäre. Trauert nicht, freut euch! Blut ist der Stoff, der die Geschichte vorantreibt, wie Dieselbenzin die Traktoren. Und weil wir Künstler den unerbittlichen Gang der Revolution verherrlichen dürfen, spielen wir euch gleich ein Stück vor. Lang lebe unser geliebter Führer, der Generalissimus Stalin!

Zweite Szene

Simon.	Ich habe dir beim Wäschewaschen zugesehen, Frau. Du arbeitest flink, murrst nicht, hast einen festen Hintern und noch fast alle Zähne. Ich heirate dich. Einverstanden?
Grusche.	Im Prinzip ja. Doch warum hast du's so eilig?
Simon.	Das Proletariat macht keinen langen Firlefanz. Der Klassenkampf ist wichtiger.
Grusche.	Dann soll's mir recht sein.

Dritte Szene

Flüchtling	(*an die Tür von Azdaks Hütte klopfend*). Bitte in aller Form um Einlaß. Eilige Angelegenheit.
Azdak.	I bitt formlos 'nein.
Flüchtling	(*eintretend*). Kolossal dankbar. Schwierijes Jelände. Kalt. Bitte ergebenst Zittern zu entschuldigen. Jestatten, Zechdak, Großfürst.

Azdak. Gestattet. I bin der Brechtnadze Azdak. (*Streckt ihm die Hand entgegen.*) Grüß Gott. Auf der Flucht, gell?

Flüchtling. Korrekt, Herr Kam'rad. Kurzzeitiger Unterschlupf genehmigt?

Azdak. Freilich. Nur, i hob halt nix zu fressen.

Flüchtling. Problem lösbar. Bitte sich bedienen zu wollen. (*Wirft einige Goldmünzen auf den Tisch*).

Azdak. Net übel. Wo san eigentlich die Verfolger?

Flüchtling. Abgeschlagen. Hatte vorzüglichen Gaul. Leider soeben verreckt. Jestatten Gegenfrage: Warum Augsburger Akzent? Sind doch in Grusinien.

Azdak (*ihn nachäffend*). Jestatten weitere Gegenfrage: Wiesò Potsdamer Off'zierskasinoton?

Beide (*synchron auf Hochdeutsch*). Wegen des V-Effekts. Uns könnte ja einer zuhören.

Flüchtling (*nach einer Pause, sich umsehend*). Wilderer, wie?

Azdak. Freilich, Kollege. Nur: du auf Menschen, i auf Bergziegen. Und du bist außer Dienst, i net.

Flüchtling. Kolossal scharfsinnig, der Mann, ha ha. Werde Sie zu berücksichtigen wissen, wenn wieder am Ruder.

Azdak (*finster*). I hoff, des g'schieht nimmer.

Flüchtling. Interessant, setzen also auf den Hurensohn, der gegen mich putscht? Weil weniger schneidig?

Azdak. Naa. Des isch wurscht. Die Fliegen wechseln, die Scheiße bleibt. Es is nur, i sagsch Eanan offen, wenn Sie gewinnen, werden's die Zeugen beseitigen, wo Sie in unfürstlicher Lage erlebt ham. Vielleicht sollt i Sie derschlagen.

Flüchtling. Aber aber, Kamerad. Können auf Off'ziersehre bauen. Verkennen System! Zeugen beseitigen! Barbarisch das! Sind nicht mehr im Mittelalter. Bin nicht Großfürst Dschugaschwili. Kranker Blutsäufer das! Conténance bewahren, Mann!

Azdak. I mach keinen Unterschied, wem i helf. Belohnung will i net.

Flüchtling. Unbestechlich – fabelhaft. Werden zum Richter ernannt. Gleich drauf anstoßen, zack-zack. (*Zieht ein Cognac-Fläschchen aus dem Mantel.*)

Vierte Szene

(*Gerichtssaal. Azdak, fett und versoffen, sitzt am Richtertisch. Vor ihm Gouverneurswitwe Nutella und Pflegemutter Grusche. Dazwischen die umstrittene Tochter Natascha im Kreidekreis.*)

Azdak. Bürgerinnen, worauf warten Sie noch? Bedienen Sie sich. Jeder nimmt eine Hand von der Göre, und dann geb ich das Signal. Wer's schafft, sie rüberzuziehen, kriegt sie. Die fortschrittliche Wissenschaft hat nämlich herausbekommen, daß die wahre Mutterschaft in der Muskulatur sitzt.

Grusche. Ich weiß, wem Sie ihren Posten verdanken, Herr Richter, doch die Zeiten haben sich geändert. Urteilen Sie menschlich. Ich kann doch nicht an der Kleinen zerren. Was soll der Quatsch?

Nutella. Wenn die anfängt zu ziehen, zieh ich nicht mit. Womöglich kugeln wir ihr den Arm aus. Wird Zeit, daß Frauen Richterposten bekommen.

Azdak. Ruhe! Ich habe ihre konterrevolutionären Äußerungen zu Protokoll genommen, Bürgerinnen. Und jetzt, beschlossen und verkündet: Weil Klägerin und Beklagte auf das Kind verzichtet haben, wird es unter Vormundschaft gestellt. Zum Vormund ernenne ich mich. Natascha, komm rüber zu dem Onkel. Du kommst morgens in den Kolchoskindergarten Pawlik Morosow, und nachmittags machst du mir den Haushalt. Die Sitzung ist geschlossen.

WOLFGANG BORCHERT

Draußen vor der Tür

1. HANDLUNG

Etwa ein Jahr nach Kriegsende und nach dreijähriger russischer Kriegsgefangenschaft kommt der ehemalige Unteroffizier Beckmann nach Hamburg zurück. Er hinkt auf Krücken, denn ein Bein ist nach einer Verwundung steif geblieben. Auch sonst ist sein Äußeres gespenstisch: ein halbverhungerter Körper mit geschorenem Schädel und einer Gasmaskenbrille.

Zu Hause erwartet ihn ein doppelter Schicksalsschlag. Sein kleiner Sohn ist, so erfährt er, bei einem Bombenangriff ums Leben gekommen, und seine Frau ist nicht allein (» ... der andere, der bei ihr war, der hat gegrinst«). Der Verzweifelte will sich in der Elbe ertränken, aber der Fluß spricht zu ihm wie zu einem unartigen Jungen: » ... ich scheiß auf deinen Selbstmord!« und dann: »Er will es noch einmal versuchen, hat er mir eben versprochen ... der Lausebengel, der grüne!«

Seine Wiedergeburt ist der Beginn einer apokalyptischen Reise.

Ein mitleidiges Mädchen versorgt ihn mit trockener Kleidung, doch ihre Zuwendung löst bei Beckmann die beklemmende Vision von einem einbeinigen Mann aus, der mit ihr verheiratet ist, und siehe, der Heimkehrer erscheint wirklich, um das zu erleben, was Beckmann selbst durchlitten hat.

Hier und auf seinem weiteren Leidensweg wird der Held begleitet vom »Anderen«, seinem Alter ego, dem ewigen Jasager, dem Optimisten und Beschöniger, der ihm Mut machen und seinen Opportunismus beflügeln will. Aber vergeblich.

Beckmann besucht den Oberst, dem er den Verlust seines Seelenfriedens und seines Nachtschlafs verdankt. Der Oberst hatte ihm in Rußland die Verantwortung für einen Spähtrupp von 20 Mann übergeben, und als Beckmann mit dem Trupp zurückkam, waren 11 Soldaten gefallen. »Ich bringe Ihnen die Verantwortung zurück«, sagt er und erzählt den immer wiederkehrenden Traum, der ihn quält und ihn jede Nacht schreiend erwachen läßt: Ein fetter Mann am Xylophon schwitzt »dampfendes, dunkles Blut«, das ihm in breiten Streifen seitlich die Hose herunterläuft, so daß er aussieht wie ein General. Die Klanghölzer des Instruments sind aus Knochen, und er spielt auf ihnen mit Prothesen den Marsch »Alte Kameraden«, bis die Gefallenen aus ihren Gräbern aufstehen, »Millionen hohlgrinsender Skelette«, die seinen Namen brüllen. Nach dem Erwachen folgt der Alpdruck des Gewissens: Die Kinder und Frauen der Gefallenen kommen und fragen Unteroffizier Beckmann nach ihren Vätern und Männern.

Verzweifelt fragt Beckmann den Oberst nach seinen nächtlichen Gespenstern. Doch der begreift nicht. Er hält alles für einen Fall von abgründigem Humor und lacht aus voller Kehle. Beckmann verläßt fluchtartig die Wohnung.

Szenenwechsel: Beckmann stellt sich bei einem smarten Kabarettdirektor vor, um mit seiner unfreiwilligen Komik und seinen finster-sarkastischen Versen seinen Lebensunterhalt zu verdienen. Doch dem Direktor wird er zusehends unheimlicher. Er ist ihm nicht optimistisch, genug: »Positiv, mein Lieber! Denken Sie an Goethe! Denken Sie an Mozart! Die Jungfrau von Orleans, Richard Wagner, Schmeling, Shirley Temple!«

Schließlich wimmelt er ihn mit seinem Kleinkunst-Kommerzgeschwafel ab. Während Beckmann auf der leidenschaftlichen Suche nach der Wahrheit ist, meint sein Gegenüber, daß Wahrheit mit Kunst nichts zu tun hat. Beckmann begreift: »Mit der Wahrheit ist es wie mit einer stadtbekannten Hure. Jeder kennt sie, aber es ist peinlich, wenn man ihr auf der Straße begegnet.«

Als auch die Tür zum Kabarett zugeschlagen ist, wird Beckmann von Heimweh gepackt. Er möchte seine Eltern wiedersehen.

Das Haus steht noch, aber die beiden alten Leute sind nicht mehr da. Wie der Sohn von einer schnodderigen Nachbarin erfährt, haben sie nach dem Krieg den Gashahn aufgedreht. Der Vater, aktiver Nazi und Judenhasser, war aus dem Dienst entfernt worden und sollte seine Wohnung räumen. »Na, da haben sie sich dann selbst endgültig entnazifiziert«, kommentiert die Nachbarin.

Auch den Helden verläßt der letzte Rest seines Lebensmutes. Im Gespräch mit dem Anderen resümiert er das Leben so:

»1. Akt: Grauer Himmel. Es wird einem wehgetan.
2. Akt: Grauer Himmel. Man tut wieder weh.
3. Akt: Es wird dunkel und es regnet.
4. Akt: Es ist noch dunkler. Man sieht eine Tür.
5. Akt: Es ist Nacht, tiefe Nacht, und die Tür ist zu.
   Man steht draußen. Draußen vor der Tür.«

Erschöpft schläft er ein. Im Traum ziehen sie noch einmal an ihm vorüber, all die Gestalten, die ihm weh getan haben. Ein weinerlicher, hilfloser Herrgott, der seine armen Kinder bemitleidet, mehr noch sich selbst, weil niemand mehr an ihn glaubt, der Tod im Gewande des Straßenfegers, der Oberst, dem Beckmann vorwirft, er habe ihn totgelacht, der Kabarettdirektor, dem er Feigheit vorhält, die herzlose Nachbarin, seine Frau, die mit ihrem Freund engumschlungen vorbeigeht, ohne ihn zu hören, und schließlich der Einbeinige, der Mann des barmherzigen Mädchens, das ihn nach seinem Selbstmordversuch aufgenommen hatte. Der hatte seinerseits draußen vor der Tür gestanden und war in die Elbe gegangen. Jetzt wirft er Beckmann vor, ihn ermordet zu haben.

Beckmann erwacht, doch es ist ein trostloses Erwachen. Hadernd mit der Sinnlosigkeit seines Daseins, der Abwesenheit Gottes und dem Verrat durch die Generation der Älteren, die ihn in den Krieg geschickt hat, andererseits voller Zweifel an seinem Recht auf Selbstmord, steht er seiner Zukunft in völliger Verlassenheit und Hoffnungslosigkeit gegenüber, und so endet das Drama mit dem Verzweiflungsschrei »Gibt denn keiner, keiner Antwort?«

2. DEUTUNG UND KRITIK

»Ein Stück, das kein Theater spielen und kein Publikum sehen will« – so lautet der Untertitel, den der damals 25-jährige Borchert seinem finsteren Drama gab, nachdem er es in nur acht Januartagen des Jahres 1947 niedergeschrieben hatte.

Doch die kokette Resignation des bis dahin erfolglosen Dichters erwies sich als unbegründet: Schon am 13. 2. 47 wurde das Stück als Hörspiel im Rundfunk gesendet und am 21. 11. 47 nach überwältigender Resonanz in den Hamburger Kammerspielen uraufgeführt. Das war übrigens einen Tag nach dem Tode des Dichters, der den Siegeszug seines Werks durch die Spielpläne der internationalen Bühnen nicht mehr erleben durfte.

Draußen vor der Tür – das ist heute noch eine feststehende Redewendung, die in die Umgangssprache eingesickert ist und derer sich auch Leute bedienen, die von seiner Herkunft nichts wissen.

Wie kommt das?

Borcherts Held Beckmann hat drei Dimensionen. Er steht für ein Massenschicksal, nämlich das des nicht mehr willkommenen, des geschundenen Heimkehrers. Er ist zum zweiten der Einzelgänger mit den individuellen Zügen. Und er ist drittens die Personifizierung des unterschwelligen, aber schon zu Beginn der Nachkriegszeit vielfach verdrängten und vernachlässigten Bedürfnisses, nach den Ursachen der Katastrophe zu fragen, diese Ursachen nicht zu vergessen und die Vertreter der in die Hitlerei verstrickten bürgerlichen Welt auf die Anklagebank zu zerren, waren sie es doch, die junge Männer millionenfach in den Tod geschickt hatten.

So konnte der gepeinigte Beckmann zu einer Leid- und Leitfigur werden, mit der sich zahllose Kriegsheimkehrer instinktiv identifizierten.

Dabei gewinnt seine Position nicht im Widerstreit mit klassischen Bösewichtern Konturen, sondern mit Vertretern der frühen Nachkriegsgesellschaft in ihrer furchterregenden Normalität, ihrer Anpassungsfähigkeit, ihrer Gschaftlhuberei und ihrem Sinn für das Handgreiflich-Praktische. Borchert verzichtet auf satirische Verzerrungen. Es gibt, was den Charakter des Obersten, der Frau Kramer oder des Kabarettdirektors anlangt, nichts, was sozusagen die Nadel in den roten Bereich ausschlagen läßt. Im gesamten Drama kommt kein abstoßend schlechter Mensch vor. Der Oberst ist jovial, gutmütig und sogar großzügig: Er erklärt sich bereit, Beckmann neu einzukleiden, und verteidigt ihn als angeknacksten Veteranen gegen seine Familie. Auch der Direktor ist kein Unmensch; naturgemäß denkt er kommerziell, aber er versucht, dem Helden entgegenzukommen und sein Talent in die vermeintlich richtige Bahn zu lenken. Er verhöhnt ihn also nicht etwa. Ähnlich Frau Kramer, deren scheinbar kaltschnäuzige Art nur eine

Mischung aus Selbstschutz gegen das alltägliche Grauen und praktischem Erwerbssinn ist: Den beziehungsreichen Gastod der Eltern von Beckmann kommentiert sie mit einem scheinbar zynischen »So was Dummes, sagt mein Alter, von dem Gas hätten wir einen ganzen Monat kochen können.«

Was die Kommunikation unmöglich macht, ist die nackte Tatsache, daß Beckmann und die Anderen nicht dieselbe Sprache sprechen, weil sie die Wirklichkeit auf unterschiedliche Weise wahrnehmen, ferner, daß sie bestimmten Wörtern unterschiedliche Bedeutungen beimessen. Das wird deutlich in der Szene mit dem Direktor, dessen Worte Beckmann scheinbar teilnahmslos und dumpf wiederholt, sodaß das Geschwafel seines Gegenübers plötzlich hohl und verlogen klingt, aber noch sinnfälliger im Gespräch mit dem Oberst, der ihn jovial auffordert, »erstmal wieder ein Mensch« zu werden, gemeint: ein im Einklang mit dem Mythos von der Stunde Null tatkräftig und optimistisch in die Zukunft blickendes Wesen. Beckmann, für den die Menschwerdung mit der Schaffung einer Gesellschaft beginnt, die ihre Jugend nicht mehr »für nichts und wieder nichts« – wie er in einem Brief schrieb – im Krieg verheizt, schreit »Ja, was seid ihr denn? Menschen? Menschen? Wie? Was?«

Oder: Beckamnn spricht vom Grauen des Krieges (den Borchert als Soldat an der Ostfront selbst erlebt hat) und sagt: »Bis an den Mond, den weißen Mond, stinkt dann das blutige Gestöhn« usw., worauf der Oberst knurrt: »Unsinn! Der Mond ist selbstverständlich gelb wie immer«. Beckmann insistiert, der Mond sei in diesen Nächten weiß und krank gewesen. Beckmann sieht das Gräßliche, und das Drumherum erhält die Färbung des Gräßlichen. Im Angesicht des Grauens wird die Welt anders wahrgenommen. Für Menschen mit abgestumpften Sinnen, also für Stumpfsinnige, bleibt der Mond gelb »wie'n Eierkuchen«, auch während die Verstümmelten im Frost verrecken.

Das Gefühl der Fremdheit und Verlassenheit, das den Helden seit seiner Rückkehr nach Deutschland nicht mehr verläßt, sind die Grundmotive des Existenzialismus. Borchert konnte ihn nicht kennen, schwappte doch diese Bewegung erst nach seinem frühen Tod in die lange isolierten Hirne der deutschen Intellektuellen. Aber offenbar lagen seine Hauptthemen und Hauptthesen in der Luft: die Fremdheit in der Welt, eine unerwünschte kühle Freiheit, die Abdankung Gottes, das Fehlen jeglicher

Sinntotalität im Menschen- und Geschichtsbild. Dieses Denken mag attraktiv oder jedenfalls erträglich sein für jeden, der aufgrund seiner Entscheidungsfreiheit an einem Daseinsentwurf arbeitet. Aber es ist schrecklich, wenn wie im Falle unseres Helden angesichts der nachwirkenden Allgegenwart des Todes und der völligen Trostlosigkeit des Lebens keine Sinn- und Zielsuche mehr stattfinden kann.

Büchner, der mit seinem Woyzeck erstmals die geschundene Kreatur in den Mittelpunkt eines Dramas rückte, ließ die Erlösung im Jenseits unerwähnt, aber er zerstörte diese Hoffnung nicht völlig. Bei Borchert aber gibt es weder im Hier noch im Jenseits irgendeine Hoffnung, und deshalb ist es sicher nicht abwegig, sein Heimkehrerdrama als eines der düstersten der deutschen Literatur zu bezeichnen.

Draußen vor der Tür – das ist neben einigen Kurzgeschichten von Böll ein »überlebendes« Beispiel der Trümmerliteratur nach 1945, deren Manifest gleichfalls von Borchert stammt: »Zu guter Grammatik fehlt uns Geduld. Wir brauchen die, (...) die ja und nein sagen, laut und deutlich und dreifach und ohne Konjunktion (...) «.

Das waren die jungen Wilden der Nachkriegszeit, und ihre Wildheit klingt weniger aufgesetzt als die ihrer periodisch nachwachsenden Epigonen, denn sie hatten etwas erlebt. Borchert antwortet dem Theologen Cordes, der seine Erzählung »Die Hundeblume« kritisiert hatte, folgendes:

»Sie dürfen nicht vergessen, daß es diesen Hundeblumen-Mann gibt, daß er 21 Jahre alt war und 100 Tage in einer Einzelzelle saß mit dem Antrag der Anklagevertretung auf Tod duch Erschießen! (...) Er wußte ganz genau, wie es bei so einer Erschießung hergeht, er hatte 100 Tage Zeit, über dies und das nachzudenken. Er hat nachgedacht. Und dann liefen ihm diese 100 Tage vier Jahre lang durch alle Nächte hindurch nach, bis es ihm gelang, sie förmlich auszukotzen! (...) Und dann kommt M. F. Cordes, vergleicht mit Dostojewski und Balzac und sagt: Na ja.«

Abschließend ein Wort zur Rezeptionsgeschichte des Werks, die nicht minder trostlos ist als das Drama selbst. So schnell es überall auf der Welt von Stockholm bis Tokio berühmt wurde, so schnell wurde es während des aufkommenden Wirtschaftswundertrubels in die Nischen der Literaturgeschichte und der Schulbuchlektüre abgedrängt. Das Thema war lästig geworden, und Borcherts Gedanken starben schon kurz nach ihm.

3. DRAUSSEN VOR DER TÜR
– DREHBUCH FÜR EINE NEUINSZENIERUNG ALS LITERARISCHER VIDEOCLIP –

Elbe. Ich akzeptiere nur Schwermetalle, Kalisalze, Selbstmörder und die gesamte Schadstoffpalette der chemischen Industrie. Außerdem besoffene Autofahrer, die die ersten 5 Minuten in der Soße nicht überleben. Wer die Frist schafft, hat sich nicht fürs Sterben qualifiziert. Du daddelst hier schon mehr als sechs Minuten rum, Alter, also spül ich dich jetzt an Land.

Spotz!

Das Mädchen. Typ äy, du bist ja echt voll durchgeweicht. Oh Mann, wie deine Zähne am Klappern sind! Zieh ma das Teil aus, äy. Hier, kriegst meine Jacke. Sowieso zu groß. Ausverkauf äy. Und jetzt flitz los, Freak, is ja gut, äy, da kommt mein Macker mip'm Auto.

Quietsch! Mumpf! Römm!

Oberst a. D. Die Verantwortung wiederbringen, Mann? Ich hör wohl nicht richtig! Kaum sind Sie weg, erzählt mir der Abteilungsleiter, daß sie sich in der Kantine einen gelötet hatten. Bloß weil Ihre Freundin die Nase voll hat und Sie zu Ihrer Frau zurückmüssen. Und jetzt bin ich auch noch schuld dran, daß Sie Ihren Kanarienvogel sternhagelvoll in die Elbe fahren. Hätten das Vieh ja schon längst freiwillig mit nach Hause nehmen können. Hat am Arbeitsplatz nichts zu suchen!

Schepper!

Lektor. Soso, na zeigen Sie mal her. (Liest:)

> Die Welt, das ist ein Kartenhaus
> Und am zusammenbrechen
> Wir sitzen drin und könn' nicht raus
> Und müssen die Zeche blechen.

Tja, mein Lieber, was Sie hier »Konkrete Endzeitlyrik« nennen, ist doch noch ein bißchen blaß, nicht stringent genug,
wissen Sie. Wofür wird die Zeche gezahlt? Für Krieg und
Umweltzerstörung, also sozusagen metaphorisch? Oder konkret fürs Saufen? Sie huldigen da einem resignativen Quietis-
mus. Das ist mittlerweile wieder aus der Mode. Kommt aber
wieder. Warten Sie ein paar Jahre und arbeiten Sie an sich. Und
alles Gute!

Mumpf!

Frau   Ihre Eltern sind hier vor zirka vier Jahren weg. Pflegeheim
Kramer.   Sankt Rochus. Was? Na kann ja sein, daß Sie hier früher
                  immer um diese Zeit aufgekreuzt sind. Aber das ist vorbei
                  jetzt. Ich bin nicht Ihre Mutter, is das klar? Und jetzt raus.
                  Feierabend. Für Sie gibts nichts mehr.

Rumpel!

Beckmann. Scheißpolizeistunde!

FRIEDRICH DÜRRENMATT

Der Richter und sein Henker

1. DIE GESCHICHTE

Schweizer Jura, November 1948. Auf einer abgelegenen Landstraße wird der Berner Polizeileutnant Ulrich Schmied in einem Auto tot aufgefunden.

Polizeichef Dr. Lucius Lutz beauftragt den welterfahrenen, aber betagten Kommisser Bärlach und dessen jungen Stellvertreter Tschanz mit den Ermittlungen.

Die Spur führt zu einem gewissen Gastmann, der in einem Dorf in der Nähe des Tatorts lebt, mit den Dörflern aber nichts zu schaffen hat, sondern offensichtlich prunkvolle Abendgesellschaften mit internationaler Beteiligung gibt. Nationalrat von Schwendi, Lutz' Parteifreund und Anwalt Gastmanns, versucht die Fortführung der Ermittlungen gegen seinen Klienten zu vereiteln, und zwar mit drohenden Hinweisen auf Geheimverhandlungen, die bei Gastmann unter Beteiligung ausländischer Diplomaten und Industrieller abgewickelt würden.

Als Bärlach nach der Beerdigung Schmieds nach Hause kommt, findet er einen ungebetenen Gast vor: Gastmann. Und nun stellt sich heraus, daß beide sich vierzig Jahre zuvor in einer Bosporus-Kneipe kennengelernt haben, Bärlach als Polizeifachmann in türkischen Diensten, Gastmann als Abenteurer. Volltrunken hatten die beiden damals eine Wette abgeschlossen, nämlich die, daß es Gastmann gelingen würde, in Gegenwart des jungen Polizisten einen Mord zu begehen, ohne daß dieser in der Lage sein würde, ihn zu überführen. Gastmann hatte die Wette gewonnen und seither immer neue Verbrechen begangen – mit Bärlach als hartnäckigem, aber erfolglosem Spürhund. »Welch ein abenteuerlicher Spaß!« sagt Gastmann. »Deine Sehnsucht war, mein Leben zu zerstören und meine war es, mein Leben dir zum Trotz zu behaupten. Wahrlich, eine Nacht kettete uns für ewig zusammen!«

Gastmann verschwindet mit der Ermittlungsakte seines Widersachers.

Trotz alledem lassen Bärlach und Tschanz nicht locker. Sie konzentrieren sich auf die Frage, welche Rolle ihr Kollege Schmied alias Dr. Prantl auf den Abendgesellschaften Gastmanns gespielt hat. War er ein Spion? Ein Verräter? Sie suchen einen Schriftsteller auf, der zu den Gästen des Hauptverdächtigen gehörte. Dieser Schriftsteller, der überdeutlich die Züge Dürrenmatts trägt und damit zum Gegenstand selbstkritischen Spottes wird, bestätigt zwar, daß Prantl immer als Vorletzter ging, kann den beiden aber im übrigen nur mit einer Charakterisierung von Gastmann dienen. Er hält ihn zwar jedes Verbrechens für fähig, bleibt aber überzeugt, daß er den Mord an Schmied nicht begangen hat. Gastmann ist für ihn ein Nihilist, der Gutes wie Schlechtes nicht aus Prinzipientreue, sondern nur aus Launen heraus tut.

Bärlach glaubt mittlerweile auch zu wissen, daß Gastmann nicht der Mörder ist. Zugleich weiß er, daß er nur noch ein Jahr zu leben hat, und spielt mit dem Gedanken, Gastmann für einen Mord zu bestrafen, den er nicht begangen hat.

Tschanz dagegen, der mittlerweile mit der Braut Schmieds angebandelt hat, wählt den gradlinigen Alleingang: In einem klassischen show-down erschießt er – durch Notwehr gedeckt, versteht sich – Gastmann und seine beiden Leibwächter. Er selbst wird nur leicht verwundet.

Happy end? Hat es den Richtigen erwischt? Wer ist der Richter, wer wessen Henker?

Liebe Leute, das wird hier nicht verraten. Wir haben es schließlich mit einem Krimi zu tun.

2. DEUTUNG UND KRITIK

Dürrenmatt hat den Kriminalroman auf ein Niveau gehoben, das er in der anglo-amerikanischen Literatur bereits hatte (Poe, Chesterton, Greene). Das Publikum hat es ihm gedankt: Es gibt kaum ein Stück Nachkriegsliteratur, das sich besser verkauft hat (mehr als 600.000 Exemplare).

Dürrenmatt beherrscht die Technik und die »Algebra« des Krimis perfekt. Das Buch ist von geradezu reißerischer Spannung. Dazu schreibt er einen eindringlichen, plastischen und schnörkellosen Stil.

Was das Buch aber vor allem in den Rang der Hochliteratur erhebt, ist die Auseinandersetzung zwischen den beiden Widersachern Bärlach und Gastmann, die ihren Hintergrund nicht in Geldgier, Weltbeherrschungsgelüsten oder anderen seichten Motiven findet, wie sie für das Schwarz-Weiß-Kino der fünfziger Jahre typisch sind, sondern in zwei unterschiedlichen lebensphilosophischen Ansätzen:

Bärlach, prinzipientreu und auf eine sympathische Art bieder, glaubt an die Notwendigkeit der Polizei und die Erfolglosigkeit des Verbrechers aus demselben Grunde, und dieser Grund ist die menschliche Unvollkommenheit.

Gastmann dagegen ist bar jeder Moral. Er wird getrieben von Lebensgier und Abenteuerlust und erreicht stets, was er will: Reichtum, Luxus, Frauen, Ruhm, Macht. Dieser Haltung stellt der Schriftsteller (also Dürrenmatts Alter ego) im Gespräch mit Bärlach sehr klarsichtig die des umgekehrten Moralisten gegenüber, eines Menschen, der Verbrecher wird, »weil das Böse seine Moral, seine Philosophie darstellt, das er ebenso fanatisch täte, wie ein anderer aus Einsicht das Gute«.

Gastmann ist kein Verfechter einer Antimoral, sondern, wie der Schriftsteller sagt, Nihilist. Und da dieser Begriff, obwohl nur einmal ausgesprochen, den Roman überschattet, müssen wir etwas genauer werden. Eingeführt wurde er durch den russischen Dichter Iwan Turgenjew, in dessen Roman »Väter und Söhne« der Nihilist als ein Mensch definiert wird, »der sich vor keiner Autorität beugt, der ohne vorherige Prüfung kein Prinzip anerkennt, mag es auch noch soviel Geltung genießen«. Das klingt nach einer skeptischen Grundhaltung, der man schwerlich seine Anerkennung versagen mag; aber Basarow, der Held des Romans, geht weiter: Verneinung ist für ihn nicht Theorie, sondern Praxis, das heißt das Einreißen alles Bestehenden durch die revolutionäre Tat. »Ihr reißt alles ein; aber man muß auch wieder aufbauen«, wendet sein Zuhörer erschrocken ein. »Das ist nicht unsere Sache«, erwidert Basarow, »zunächst muß der Platz freigemacht werden«. Während also Basarow einen zunächst erkenntnistheoretischen, dann politisch-revolutionären Nihilismus vertritt, beschränkt sich Bärlachs Widersacher auf einen moralischen Nihilismus.

Obwohl Bärlach das Spiel gewinnt, ist der Roman völlig frei von provinzieller oder gar patriotischer Moral. Gastmann und die anderen Bösen sind Schweizer wie Bärlach, und mit den Tugenden seiner Landsleute geht Dürrenmatt gnadenlos ins Gericht, etwa bei der Erwähnung der Ohrfeige, die Bärlach während der dreißiger Jahre einem hohen deutschen Beamten verpaßt hatte: »... in Bern bewertete man sie, je nach dem Stand der europäischen Politik, zuerst als empörend, dann als verurteilungswert, aber doch noch begreiflich, und endlich sogar als die einzige für einen Schweizer mögliche Haltung; dies aber erst fünfundvierzig.«

3. DER DICHTER UND SEIN DENKER

Der Schriftsteller wuchtete seine Ellenbogen auf den Tisch und ließ sein massiges Gesicht in die fleischigen Hände sinken. Der Wind peitschte den November-Regen gegen die Fensterscheiben. »Ein trübes Land, die Schweiz«, grunzte der Schriftsteller, »seit Tagen seicht es draußen, und Ihr hitzköpfiger kleiner Stellvertreter« – er machte eine verächtliche Bewegung mit dem Kopf in Richtung Toilette – »seicht auch schon seit einer Ewigkeit.« Er trank mit einem Schluck das Weinglas leer und fuhr fort: »Warum lassen Sie ihn nicht allein weitermachen, statt sich in Ihrem Alter noch von Hunden beißen zu lassen und verlogene Alibis zu protokollieren?«

»Solange Tschanz noch weg ist«, sagte Bärlach in ungewohnter Hastigkeit, »kann ich es Ihnen ja sagen: Ich bin seit vierzig Jahren hinter Gastmann her.«

»Warum denn das?«

»Ihm ist der perfekte Mord gelungen, und ich war dabei und konnte ihn nicht überführen.«

»Das gibt's in keinem Film«, staunte der Schriftsteller, »und wie ging's dann weiter?«

»Er hat immer weitere Morde begangen, ich immer hinterher, und nie konnte ich ihm was nachweisen.«

»Wenn ich das im Kino sähe, würde ich rausgehen.«

Tschanz kam ins Zimmer.

»Dann schreiben Sie doch 'n Buch drüber«, raunzte Bärlach. »Mit philosophischem Background womöglich. Leser sind gutgläubiger als Kinobesucher.«

MAX FRISCH

Homo Faber

1. DIE GESCHICHTE

Der Roman ist ausgewiesen als »Ein Bericht«, den der fünfzigjährige UNESCO-Ingenieur Walter Faber wenige Wochen vor seinem Tode niederzuschreiben beginnt.

In Wahrheit heißt er nicht Faber, sondern nennt sich nur so, »gewohnt an die englische Aussprache meines Namens«. Seine Jugendfreundin Hanna nannt ihn scherzhaft »homo faber«, was im Lateinischen soviel wie »geschickter Mensch« bedeutet. Das ist er auch. Als Absolvent der renommierten ETH, der Technischen Universität von Zürich, installiert er Kraftwerksturbinen in aller Welt. Entsprechend geprägt ist sein Weltbild. Er glaubt – getreu der amerikanischen Tradition – an die Lösbarkeit aller Probleme mit Hilfe der Technik.

Die nun einsetzende Protokollierung seines Lebens ist zugleich die Geschichte der Erschütterung dieses Weltbildes.

Beim Zwischenstop auf dem Flugplatz von Houston wird er ohnmächtig und bekommt kurz darauf zu seinem eigenen Erstaunen Lust, sich allem zu verweigern. Eher zufällig kommt es zum Weiterflug in Richtung Mexiko, doch nacheinander fallen zwei Motoren aus; das Flugzeug muß in der mexikanischen Wüste notlanden. Er freundet sich mit seinem Sitznachbarn an und erfährt, daß dieser der Bruder seines Studienfreundes Joachim ist, den er zwanzig Jahre lang nicht gesehen hat. Joachim arbeitet, so erfährt er nun, als Leiter einer Tabakplantage mitten im mexikanischen Dschungel. Spontan beschließt er, ihn zusammen mit dessen Bruder zu besuchen. Der Ausflug verzögert sich durch die langwierige Rettung aus der Wüste, außerdem durch das fünftägige Warten auf einen Jeep in einem elenden Kaff am Rande des Dschungels.

Als Faber und sein Reisebegleiter endlich auf der Tabakplantage eintreffen, treffen sie auf einen toten Joachim: Er hat sich Tage zuvor an der Decke seiner Behausung erhängt.

Irritiert, wenn auch nicht erschüttert kehrt Faber in die Zivilisation zurück. In New York trennt er sich endgültig von seiner amerikanischen Freundin Ivy, die nicht wahrhaben will, was er ihr schon in seinem Abschiedsbrief aus der Wüste geschrieben hat. Er ist weder willens noch in der Lage, sich auf Ivys Persönlichkeit einzulassen, und fühlt sich von ihr nur noch genervt. Um den Aufenthalt in New York abzukürzen, der nächste Termin in Paris steht erst eine Woche später an, entschließt er sich zu einer Schiffspassage. Auf dem Ozean-Dampfer lernt er die zwanzigjährige Sabeth kennen, von der er sich seltsam angezogen fühlt, weil sie ihn an seine Jugendliebe Hanna erinnert. Ohne daß er um sie wirbt, kommen beide einander näher.

Was aus der Frau geworden ist, an die ihn das Mädchen erinnert, weiß Faber nicht. Hanna, eine deutsche Halbjüdin, hatte ihn im Jahre 1936 Minuten vor der geplanten Trauung verlassen, weil sie das Gefühl hatte, eine ihm angetragene Stellung im Ausland sei ihm wichtiger als sie selbst und das Kind, mit dem sie schwanger ging. Hanna hatte dann seinen Freund Joachim geheiratet, der ausersehen war, die Abtreibung durchzuführen.

In Gesprächen mit Sabeth, die er zu seinem Erstaunen auch in Paris weiter trifft und mit der er schließlich sogar eine Art Bildungsreise durch Frankreich und Italien unternimmt, rekonstruiert Faber den weiteren Verlauf von Hannas Leben. Seine Gewißheit, daß Sabeth die Tochter von Joachim und Hanna ist, verdünnt sich zur Vermutung und schließlich zur Hoffnung. Nachdem er mit ihr geschlafen hat, mag er sich einen naheliegenden Gedanken nicht mehr stellen ...

Er begleitet Sabeth nach Griechenland, um mit ihr ihre in Athen lebende Mutter zu besuchen. Nur eine Autostunde von Athen entfernt geschieht das Unglück: Sabeth wird von einer Viper gebissen. Faber rennt vom Strand auf sie zu, Sabeth weicht zurück und stürzt eine Böschung hinab.

In Athen vollzieht sich die eigentliche Katastrophe. Hanna enthüllt die Wahrheit über Sabeths Herkunft (er ist ihr Vater), und das Mädchen stirbt im Krankenhaus, und zwar nicht an dem Schlangengift, gegen das man sie erfolgreich behandelt hat, sondern an einer Gehirnblutung infolge des von Faber nicht angegebenen Sturzes.

Anläßlich eines geschäftlichen Zwischenaufenthalts in Havanna empfindet Faber mit plötzlichem Schmerz, wie schön, wie sinnlich das Leben sein kann, an dem er vorbeigelebt hat. Nach Athen zurückgekehrt, begibt er sich mit Magenschmerzen ins Krankenhaus, insgeheim wissend, daß auch die bevorstehende Operation ihn nicht vor dem Krebstod bewahren wird.

2. DEUTUNG UND KRITIK

Der Roman bezieht seine Spannung paradoxerweise aus einer Erzähltechnik, die bei weniger bedeutenden Schriftstellern zum Absturz in die Langeweile führen würde:

Schon nach wenigen Seiten wird gesagt, worauf alles hinausläuft, Joachims Selbstmord, Fabers Inzest, Elisabeths Tod und die Verzweiflung der von allen verlassenen Mutter. Frisch gelingt die Erhaltung des Spannungsbogens einmal durch die nüchterne, undramatische Technokratensprache seines Helden und die dadurch verbreitete Stimmung des »es wird schon gutgehen«, des weiteren durch das Unerhörte dessen, was als tragische Entwicklung angekündigt wird.

Schon dieser Kunstgriff macht den Roman zu einem Meisterwerk. Wenn Frisch dafür gerügt wird, daß seine Sprache im Homo Faber nicht hinreichend differenziert sei, so wird gerade die Notwendigkeit der eindimensionalen Sprache des Technikers als Stilmittel verkannt.

Die Kritik macht es sich auch inhaltlich zu leicht, wenn sie meint, daß Frisch mit der Geschichte zeigen wollten, wie ein Technokrat die Nichtbeherrschbarkeit der Welt, die Unwägbarkeiten des Lebens oder – um die Leser hier auch einmal an der handelsüblichen Klappentextsülze knabbern zu lassen – die »fundamentalen Risiken der Unordnung« entdeckt. Denn all das kennt Walter Faber von Anfang an. Er wehrt sich nur, und zwar völlig zu Recht, gegen die Mystifikation des Unwahrscheinlichen, denn das ist nach der Wahrscheinlichkeitsrechnung »nichts höheres (...), keinerlei Wunder oder derartiges, wie es der Laie so gerne haben möchte«, und er weiß auch, daß ihm die Wahrscheinlichkeitsrechnung keine Garantien bietet (»Was interessiert es mich, daß am gleichen Tag, wo ich ins Meer stürze, 999 Maschinen tadellos landen?«).

Faber hat gleichwohl ein einseitiges Naturell, das seine Befriedigung daraus zieht, das Ungefugte zum Funktionieren zu bringen, kurzum: dafür zu sorgen, daß »alles klappt« – einschließlich seiner Sexualität, die übrigens kurz vor Schluß auch noch versagt, wobei ein Gutteil seines Entsetzens daraus resultiert, daß er sie nicht reparieren kann wie zuvor einen Wecker.

Was sich ihm auf diese Weise verschließt, ist vor allem die Dimension des Tragischen. Genauer gesagt, er begreift diese Möglichkeit des Schicksals erst, als er das handelnde Opfer einer Tragödie wird. Er kann seinen Freund nicht vor dem Selbstmord retten, er schläft mit seiner Tochter und leistet einen Verursachungsbeitrag zu ihrem Tod. Seine Schuld ist äußerst gering, und doch ist er der Täter. Diese Entwicklung, die nicht zufällig in Athen, der Geburtsstätte der attischen Tragödie, ihren Höhepunkt findet, trifft ihn nicht nur als aktiven Verursacher, sondern auch, und das ist entscheidend, als einen Menschen, der die Existenz des Tragischen leugnete.

Die Tragödie erfährt noch eine Steigerung dadurch, daß Faber nicht auf ein erfülltes Leben zurückblicken kann. Dabei interessiert nur am Rande, daß er die Kunstbeflissenheit Sabeths, die ihn durch sämtliche italienischen Museen schleift, nicht nachvollziehen kann; wichtiger ist, daß er sich, wie er viel zu spät in Havanna erkennt, nie auf die Natur eingelassen hat. Es ekelt ihn vor der »schleimigen Sonne« und dem Gewimmel der Molche in den tropischen Tümpeln. Als ein junger Künstler den american way of life als Versuch kennzeichnet, das Leben zu kosmetisieren, winkt er ab, doch am Ende des Berichts steht ein Zornesausbruch gegen eben diesen naturfeindlichen Lebensstil, der an Schärfe in der nicht-marxistischen Litaratur seinesgleichen sucht (»Klimbin, infantil, Reklame für Optimismus als Neon-Tapete vor der Nacht und vor dem Tod«).

Ein Hinweis zum Schluß:
Der Roman läßt sich vorzüglich mißdeuten als Programm zur Förderung geisteswissenschaftlichen Hochmuts. Max Frisch würde dieses Mißverständnis sicherlich zornig machen, hat er doch lange Jahre sein Geld als Architekt verdient. Natürlich weiß jeder Germanist, daß die Welt nicht

beherrschbar ist und daß zur Totalität des Menschen mehr gehört als die Technik; umgekehrt sollte er, wenn er von der Technik spricht, tunlichst wissen, wovon er redet. Faber ärgert sich zu recht über »Künstler, die sich für höhere oder tiefere Wesen halten, bloß weil sie nicht wissen, was Elektrizität ist«. Dieser Ärger erhält gesamtgesellschaftlich spätestens dann seine Rechtfertigung, wenn man den unsäglichen und letzten Endes schädlichen Dilettantismus der Diskussionen über das Versenken von Bohrinseln erlebt hat.

3. HOMO LABER

Wir saßen auf der Piazza Papagallo in Firenze. Sabeth ließ sich gerade über die berühmte David-Statue aus. Ich hörte Adjektive wie atavisch, horminoid, algurativ, saucool, bermonell und andere, die ich noch nie gehört hatte. Zugegeben, ich hatte Mühe, mich zu konzentrieren, weil ich gerade das Resorptionsdefizit nach dem Genuß meines siebzehnten Campari im Hinblick auf die Fähigkeit ermitteln mußte, mit meinem übersteuerten Alfa im vierten Gang durch die Siebenundneunzig-Grad-Kurve an der Via Ladroni zu kommen, und außerdem simultan in der Zeitung las, daß mein schöner Staudamm in Burundi infolge eines Vulkanausbruchs geborsten war. Ca. 6000 Tote. Wahrscheinlichkeit, daß so etwas passiert: Unverändert 1:7500. Kein Grund zur Beunruhigung.

Ich blickte auf, weil Sabeth nicht aufhörte zu schwärmen. »Dein David«, sagte ich, »ist viel zu jung, hat zu große Hände, einen Haltungsschaden und anstelle eines Fortpflanzungswerkzeugs ein Blatt. Wie Olivetti so etwas Unpraktisches herstellen konnte, ist mir ein Rätsel.«

Ein Spaghetti vom Nachbartisch legte Sabeth die Hand auf den Unterarm und raunte: »Vorrei scopare volentieri con te.« Typisch. Weiß nicht, wie ein Kühlschrank funktioniert und denkt, er könne das Mädchen anfassen, bloß weil er sich mit der Renaissance-Kunst auskennt.

HEINRICH BÖLL

Ansichten eines Clowns

1. DIE GESCHICHTE

Die Handlung spielt in den späten fünfziger und in den frühen sechziger Jahren. Schauplatz ist, wie fast immer bei Böll, das Rheinland, vor allem Bonn.

Der schon 21jährige Untersekundaner Hans Schnier verläßt das Internat, um Clown zu werden. Wieder zu Hause, verliebt er sich in die zwei Jahre jüngere Marie, Tochter eines verwitweten Kommunisten, der in kümmerlichen Verhältnissen lebt und von seinen Gesinnungsgenossen als Renegat gemieden wird. Schnier selbst stammt aus einem evangelischen Großindustriellenhaus, in dem es trotz des offenkundigen Reichtums außerordentlich asketisch zugeht. Sein Vater ist als Braunkohlen-Schnier bekannt, und seine Mutter fungiert als »Präsidentin des Zentralkomitees der Gesellschaften zur Versöhnung rassischer Gegensätze«.

Schnier schläft mit Marie, ohne allzusehr um Geheimhaltung bemüht zu sein. Großer Skandal. Er wird von seinen Eltern verstoßen. Das junge Paar flieht nach Köln, wo es völlig mittellos eine Bohémienexistenz führt, bis Schnier sich nach hartem Training zu einem gefragten Clown mausert und mit Marie von Stadt zu Stadt zieht.

Doch das isolierte Idyll ist trügerisch. Marie erleidet zwei Fehlgeburten, deren zweite, so ahnt man, eine getarnte Abtreibung ist. Scharfe Gegensätze in der religiösen Orientierung und in der Lebensauffassung werden offenbar. Während sich der protestantisch erzogene Schnier zum Agnostiker entwickelt hat, kirchlicher wie standesamtlicher Eheschließung gleichgültig gegenübersteht und, wie sich das für einen ordentlichen Agnostiker gehört, auf seinen Tourneen in liebevoller Toleranz katholische Kirchen ausfindig macht, in denen Marie an ihrer Frühmesse teilnehmen kann, verspürt Marie in protestantischen Gefilden das nicht nachlassende Bedürfnis, wieder »katholische Luft zu atmen«, und verlangt schließlich außer der kirchlichen Heirat etwas, was die katholische Kirche bei »Mischehen« wie eine Art Hürde vor dem Kirchenportal aufbaute: die schriftliche Verpflichtungserklärung, die Kinder katholisch zu erziehen. Das ist zu viel für Schnier. In einem Hotel in Hannover – draußen neigt sich der Katholikentag seinem Ende zu – kommt es zum Streit. Züpfner und Prälat Sommerwild vom »Kreis fortschrittlicher Katholiken« haben Marie so nachhaltig beknetet, daß sie am Ende ihrem Lebensgefährten vorwirft, er erkenne die »Berechtigung abstrakter Ordnungsprinzipien« nicht an. Am nächsten Morgen ist sie verschwunden, und siehe da, es dauert nicht lange, da hat sie ihren Heribert, nämlich Züpfner, der schon lange scharf auf sie war, geheiratet.

Mit Schnier geht's bergab. Er fängt an zu saufen, erhält immer vernichtendere Kritiken, schreibt an Marie lange Briefe, die ihr vorenthalten werden, und leidet an seiner Monogamie, die ihn unfähig macht, sich einer anderen Frau zuzuwenden. Eines Abends kehrt er mit leeren Taschen in seine Bonner Wohnung zurück, führt lange Telefonate mit den verlogenen und heuchlerischen Mitgliedern des Kreises, der ihm Marie abspenstig gemacht hat, mit seiner kaltherzig-blöden Mutter, der er nicht verzeiht, daß sie die einzige Tochter Henriette in den letzten Kriegstagen als freiwillige Flakhelferin gegen die »jüdischen Yankees« losgeschickt hat, und mit seinem Bruder Leo, der konvertiert ist und sich nicht aus dem Priesterseminar traut, um ihn zu besuchen. Mageren Trost erfährt er nur von den Frauen. Die eine stellt immerhin ein gelegentliches Süppchen für den notleidenden Künstler in Aussicht, eine andere füllt rechtzeitig zu seiner Bonner Ankunft Kühlschrank und Wohnung mit Notwendigem wie Angenehmen und spielt ihm durchs Telefon Chopin am Klavier vor. Besuch erhält er nur von seinem Vater, aber auch dieses Zusammentreffen endet enttäuschend. Der Vater ist bereit, eine Art Meisterunterricht zu finanzieren, aber Schnier, der 6 Jahre auf der Bühne gestanden hat, wünscht sich ein Training zu Hause und möchte mit 1.000 DM mtl. von seinem reichen Vater unterstützt werden. Der aber sieht darin keine vernünftige Investition. Schnier wechselt das Thema und beginnt von seiner Kindheit zu sprechen (»daß wir zu Hause nie richtig zu fressen bekamen«). Der alte Schnier geht im Bewußtsein seines fortdauernden Versagens. Der Titelheld aber schminkt sich, schnappt seine Gitarre und läßt sich auf dem Bahnhofsvorplatz nieder, vor sich den Bettelhut, um so von Marie gesehen zu werden, deren Rückkehr aus den Flitterwochen in Rom erwartet wird.

2. DEUTUNG UND KRITIK

Der Roman beginnt damit, daß der Titelheld bei Einbruch der Dämmerung zu Hause ankommt, und endet damit, daß er um halb zehn das Haus als Bettelmusikant verläßt. In den dazwischenliegenden drei Stunden ruft er seine Feinde an und demaskiert sie mit der scharfsichtigen Rücksichtslosigkeit, die einem Narren und Clown zur Ehre gereicht. In der gleichen Weise läßt er sein noch junges Leben Revue passieren. Er erinnert sich an die Heuchelei der professionellen Christen, den immerwährenden Sieg des Opportunismus, die Unausrottbarkeit des Stumpfsinns und der wie auch immer verklärten Inhumanität. Diese Erinnerungen sind sehr konkret und sehr genau. Die Nachricht vom sinnlosen Tod der Schwester, die Frage des Kreisleiters an Maries Vater (»Na Martin, wie wär's, wenn wir dich in ein nettes, kleines, nicht ganz so grausames KZchen steckten?«), die Karriere eines Jungnazis, der einen Mitschüler als Juden denunziert hat und nun das Bundesverdienstkreuz trägt, die Mutter, die sich hinter einem Zitat aus einem drittklassigen Roman versteckt, als sie ihren Sohn ins Elend schickt (»Mein Gewissen zwingt mich, dich zu verstoßen«), die Mutter des proletarischen Freundes, die den halbverhungerten Millionärssöhnchen Brotscheiben abschneidet, der katholische Schwerintellektuelle, der dafür gelobt werden möchte, wie er einen redlichen Sozi im Fernsehen fertiggemacht hat, bis hin zu Kleinigkeiten wie der schwer überbietbaren Idiotie des Feuerwehrbefehls »Wasser Marsch« – all das fügt sich zusammen zu einem Kaleidoskop der miefigen fünfziger Jahre mit ihrer krampfhaften Vergangenheits-Verdeckungstherapie. Hier wird nichts einfach zusammengemischt, hier wird aufgemischt, in einer frischen, klaren Sprache, eben der des Clowns, dem alle Abstraktionen zuwider sind. Der Prüfstein, an dem die Werte seiner Umwelt und das, was aus ihnen und oft auch aus dem praktizierten Gegenteil folgt, zerschellen, ist ein Konzentrat aus ganz einfachen Tugenden: Freiheitsdurst, Toleranz und Barmherzigkeit.

Gut ein Vierteljahrhundert ist vergangen, seit Bölls Roman den organisierten Katholizismus aufheulen ließ, und merkwürdig: Obwohl manche Denk- und Verhaltensweisen, an denen sich die Kritik des Autors entzündet, einer fernen Vergangenheit anzugehören scheinen, sind andere so taufrisch, so immergrün wie damals. Ja ja, das haben wir weitgehend hinter uns, daß die Sittenpolizei bei Verdacht auf eine »abortive Erkrankung« erscheint, daß ein Konfessionswechsel zur Familienkatastrophe gerät, daß die SPD sich Sorgen um ihre Hoffähigkeit machen muß und daß ein Lehrergehalt (damals noch ohne Kindergeld) nicht ausreicht, sieben zumeist ungewollte Kinder zu ernähren. Aber Industrielle, die, wie Max Weber richtig feststellte, an innerweltliche Askese Heilserwartungen knüpfen und Geld nicht ausgeben, sondern nur vermehren können, ferner Altnazis, die unbehelligt ihre Pension verzehren, zynische Politiker, Intellektuelle, die einen Katholizismus de luxe hätscheln, und brave Deutsche, die im entscheidenden Momant weggucken, die gibts und die wird es auch am 100. Todestag des Dichters noch geben.

Die Schwächen des Werks sind von anderer Art, als ein großer Teil der Kritik glauben machen will. Die Vorzüge übrigens auch. Manche sehen, um mit letzterem zu beginnen, in dem Roman in erster Linie eine ergreifende Liebesgeschichte. Schniers Liebe und seine sture Monogamie sind jedoch bestenfalls rührend, und daß Marie ihn verlassen hat, ist auch jenseits des Unfugs von den abstrakten Ordnungsprinzipien nachvollziehbar, erschöpfte sich die traute Zweisamkeit doch darin, Mensch-ärgere-dich-nicht zu spielen und »diese Sache« zu machen, wie es im Böllschen Prüderiejargon heißt.

Und auch die Schwächen liegen nicht in der Konzeption, etwa darin, daß Schnier die Verfechter der Ordnungsprinzipien zu bigotten Klischeeschleudern verkleinert (das sind sie ja schließlich), sondern in der für Böll typischen Tendenz, bitterböse Satire umschlagen zu lassen in Kitsch und Larmoyanz. Daß Schnier sich eine Mazurka von Chopin am Telefon vorklimpern läßt, nur weil ihn das an den Moment erinnert, da er nach der ersten Nacht mit Marie im Elternhaus erschien, das muß nicht sein und ist übrigens auch ein unheilverkündender Vorbote des völlig verheulten Spätwerks von Böll. Ein solcher Vorbote ist auch, und jetzt kommen wir zum zentralen Kritikpunkt, das gelinde gesagt eindimensionale Verhältnis des Helden (und seines Schöpfers) zum Sex. Bei Maries Entjungferung geht es biblisch zu: Am Ende steht das Heulen der Braut; das Zähneklappen des Verführers geht voraus. Nun ja, es waren die fünfziger Jahre, kann sein, daß es so zuging, Schwamm drüber. Aber diese Stille zwischen Heulen und Zähneklappen, diese weihevolle Stille – die ist genauso verbogen und verlogen wie die katholische Moral, die Böll zu Recht geißelt. Es ist, als werde eine Messe der Barmherzigkeit zelebriert. Das ist kein Zufall. Die Barmherzigkeit ist das Schlüsselwort zur Böllschen Sexualmoral. Sein Held unterscheidet an anderer Stelle ausdrücklich zwischen Huren, Ehefrauen und barmherzigen Frauen. Die erste Gruppe macht »diese Sache« gegen Geld, die zweite, weil sie muß, und die dritte aus Erbarmen mit diesen dampfkesselartigen Wesen, die sich Männer nennen. Lustlos sind sie alle.

Unser Beispiel zur Sexualmoral zeigt auf eine schon erheiternde Weise, wie fatal auch prominente Schriftsteller in einem System befangen sein können, das sie bekämpfen. Einmal katholisch, immer katholisch. Das erklärt auch einen Teil ihres furchtbaren und fruchtbaren Zorns. Je mehr man die Unentrinnbarkeit seines Gefangenseins ahnt, desto heftiger verflucht man die Wächter. Oder, wie schon Lessing wußte (Nathan, 4. Aufzug, 4. Auftritt): »Der Aberglaub', in dem wir aufgewachsen, verliert, auch wenn wir ihn erkennen, darum doch seine Macht nicht über uns. – Es sind nicht alle frei, die ihrer Ketten spotten.«

3. WIEDERSEHEN MIT MARIE

Als ich gerade dabei war, die lauretanische Litanei à capella zu singen, weil ich vergessen hatte, rechtzeitig die Gitarrenakkorde dazu zu üben, fing es an zu regnen. Ich war froh, daß ich das Braunkohlenbrikett mit dem Prägestempel »Schnier heizt ein« nicht dabeihatte. Das hätte ein schönes Geschmiere gegeben. Ich werde mir eine andere Visitenkarte ausdenken müssen, vielleicht eine Aktie der Schnier AG. Das werden alle Katholiken auf unterschiedliche aber stets nützliche Weise mißverstehen. Die einen werden mich für einen notleidenden Kleinaktionär halten, andere für den Vorstandsvorsitzenden, der Buße tut, und wieder andere für einen Musikanten, der auch Wertpapiere entgegennimmt. Zahlen werden sie alle, und hinterher werden sie sich dafür entsühnt fühlen, daß sie ihre Frau verprügelt oder gar einen schweinischen Witz erzählt haben.

Der Hut war mittlerweile wieder halb voll. Die erste Ladung hatte die Polizei wegen Gotteslästerung beschlagnahmt, nachdem ich gesungen hatte »Die Nazi- und die Pfaffenbrut, die brutzeln in der Höllenglut«. Mir war's egal gewesen, erstens weil ich die Cognac-Flasche schon leergetrunken hatte, zweitens, weil die Sozialdemokraten unter den Schaulustigen nach dem Abzug der Polizei sofort einen Solidaritätsbeitrag geleistet hatten.

Plötzlich sah ich zwei Maries vor mir, mit je einem Züpfner am Arm. Die Verdoppelung meines Unglücks führte zu einer schockartigen Ernüchterung. Ich sah Marie nach ihrem Portemonnaie nesteln, und schon flog ein 100-Lire-Stück in meinen Hut. Genauso flink, genauso sicher, wie sie immer die Zahnpastatube auf- und zugeschraubt hatte. »Armer Hans«, sagte sie, während Züpfner sie weiterzuzerren versuchte, »so sieht man sich nun wieder. Ich hab dir immer gesagt: Ihr Agnostiker landet alle in der Gosse, wenn ihr die Berechtigung abstrakter Ordnungsprin ... «

»Ich vertrete das Prinzip der konkreten Unordnung«, lallte ich und schlug einen H-Septim-Akkord an, »das hat dir immer sehr gutgetan, wenn wir diese Sache machten.«

»Kindchen, gib diesem Verkommenen doch nicht noch Almosen«, zischte Züpfner ihr zu, »du siehst doch, er fühlt sich nur ermutigt, ordinär zu werden.«

»Barmherzigkeit ist unteilbar«, sagte Marie. Züpfner erbleichte. Das gefiel mir.

»Was wollen mir diese Worte sagen, mein Kind?« fragte er bang.

»Na, war ich dir auf der Hochzeitsreise etwa keine barmherzige Begleiterin?« erwiderte sie unwirsch. Ich grinste, daß die Schminke zu bröckeln begann.

Ein paar Schritte weiter knallten Feuerwerkskörper. »Mein Kind«, schrie Züpfner ängstlich, »schnell weg, es bumst. Wie in Meran. Komm schon!«

»Züpfner«, lachte ich, »hier gibts keine Bumser. Es waren nur Böllerschüsse, schön laut, aber es böllert eben nur. Es trifft keinen.«

SIEGFRIED LENZ

Deutschstunde

1. DIE GESCHICHTE

Ein knappes Jahrzehnt nach Kriegsende sitzt Siggi Jepsen in der Arrestzelle einer Jugendstrafanstalt. Er soll einen Aufsatz mit dem Thema »Die
Freuden der Pflicht« nachschreiben, weil ihm in der vorangegangenen
Deutschstunde dazu nichts eingefallen war. Nur scheinbar – denn er ist
das Opfer der freudigen Pflichterfüllung seines Vaters. Unversehens erhält
er nun Gelegenheit, sich in einem schmerzlichen Selbstheilungsprozeß
von seiner verkorksten Jugend freizuschreiben. Aus der auf wenige Stunden angelegten Strafarbeit werden Tage, Wochen, Monate, und man läßt
ihn gewähren.

Die Geschichte setzt im Jahre 43 ein. Jens Ole Jepsen, Siggis Vater und
zugleich die Verkörperung des nördlichsten Polizeipostens Deutschlands,
muß seinem ehemaligen Schulkameraden Max Ludwig Nansen ein in der
Berliner Reichskanzlei ausgehecktes Malverbot übermitteln und ist
zusätzlich beauftragt, die Einhaltung dieses Verbotes zu überwachen. Der
Maler macht nie einen Hehl daraus, daß er weiter seiner Berufung folgen
will, und Jepsen macht ebenso deutlich, daß er seine Pflicht tun wird,
auch wenn beide im selben Dorf großgeworden sind und Nansen ihn im
Hafenbecken von Glüserup einmal vor dem Ertrinken bewahrt hat.

Der Landpolizist beginnt, den verfemten Maler zu drangsalieren.
Obwohl der Überwacher seinerseits nicht überwacht wird, beschlagnahmt
er des Malers »unsichtbare Bilder«, also leere oder nur ansatzweise bemalte
Blätter, schielt nachts durch die Jalousien der alten Mühle, in der Nansen
wohnt, und »macht Meldung«, mit der Folge, daß eines Tages die Herren
in den schwarzen Ledermänteln erscheinen und Nansen verhaften. Siggi
steht in einem Loyalitätskonflikt: Mit dem Maler verbindet ihn eine herzliche Freundschaft, während der Vater ihn zu seinem Komplizen zu
machen versucht (»Vergiß nicht, daß wir zusammenarbeiten: Wenn Du was

siehst, mußt Du es melden.«). Er entscheidet sich für seinen väterlichen
Freund, indem er dessen Bilder der Beschlagnahme entzieht und, ohne
daß der Maler das weiß, in einem verfallenen Gebäude – gleichfalls eine
Mühle –, versteckt.

Jens Jepsens wirklicher Komplize ist seine Frau Gudrun, die weibliche
Entsprechung seines eigenen Charakters: Schwerknochig, fügsam, freudlos
und unbarmherzig. Als Tochter Hilke eines Tages mit ihrem Verlobten,
dem Akkordeonspieler Addi erscheint, packt sie nach wenigen Tagen dessen Sachen zusammen (»Er hat hier nichts verloren ... Wir brauchen keinen Kranken in der Familie.«). Hilke, der arme Bauerntrampel, beginnt
im Elternhaus zu versauern.

Bruder Klaas, Schandfleck der Familie, hat sich in die rechte Hand
geschossen, weil er nicht zum Endsieg beitragen will. Aus dem Gefängnis-
lazarett flieht er. Siggi und der Maler verstecken ihn. Eines Tages erwischt
ihn der Splitter einer englischen Bombe im Bauch. Zwei hilflose Helfer
liefern den Schwerverletzten zu Hause ab, Ole Jepsen macht Meldung in
Husum und läßt seinen Ältesten ins Lazarett schaffen, wohl wissend, daß
er ihn damit seinen Henkern ausliefert.

Währenddessen arbeitet der von der Gestapo nach wenigen Tagen wieder entlassene und seither sehr schweigsam gewordene Maler weiter an seinen Bildern, wenn auch vorsichtiger. Der Konflikt zwischen den beiden
Widersachern lebt abermals auf, als die englische Armee bereits Schleswig-
Holstein besetzt hat, sämtliche Kampfhandlungen eingestellt sind und
Jens Jepsen gleichwohl seinen Vier-Mann-Volkssturm zusammentrom-
melt. Nach Einbruch der Dunkelheit legt der Maler seine Selbstbeherr-
schung und seine Soldatenbinde ab und wendet sich vor aller Augen zum
Gehen. Ole Jepsen richtet seine Dienstpistole auf ihn, doch es hilft nichts
mehr, denn die anderen verhinderten Krieger schlagen sich auf die Seite
des Malers.

Tags darauf wird Jepsen von den Engländern interniert. Sein Regiment
scheint beendet, doch nach drei Monaten kehrt er zurück und setzt seine
mähliche Steigerung in den Wahnwitz fort, indem er – das Malverbot
gegen Nansen ist längst aufgehoben – eine Strandhütte abfackelt, in der
Bilder versteckt sind. Am Ende äschert er aus dem selben Grunde auch
noch Siggis verlassene Mühle ein.

Dennoch bleibt Raum für gedämpften Optimismus. Klaas erlebt das Kriegsende im Krankenbett. Seine Akten sind das Opfer einer barmherzigen Bombe geworden. Von den Eltern endgültig verflucht und ausgestoßen, macht er in Hamburg als Fotograf Karriere. Auch Hilke verläßt das Elternhaus, als sie hört, daß Addi wieder in Hamburg sein soll.

Siggi erwischt es noch einmal hart. Verstört durch die nicht mehr pflichtgemäße Bilderstürmerei seines Vaters, erliegt er der Zwangsneurose, in Galerien ausgestellte Bilder Nansens zu entwenden und zu verstecken. Sein eigener Vater, besessen von dem Gedanken, ihn, so wörtlich, zur Strecke zu bringen und fertigzumachen, überführt ihn in ungebrochenem Pflichteifer. Siggi bekommt drei Jahre Jugendstrafe, und die sitzt er nun auf einer Hamburger Elbinsel ab, indem er in der Arrestzelle seine eigene Geschichte schreibt, gelegentlich gestört vom jovialen Anstaltsleiter, der ihn aus den falschen Gründen weitermachen läßt, und ganzen Rudeln von Psychologen, denen er als interessanter Fall präsentiert wird. Einer von ihnen, macht Siggi zum Thema seiner Diplom-Arbeit, doch Siggi hat das Gefühl, eher ihm helfen zu müssen.

Am Ende steht die Entlassung auf Bewährung und die vom Schriftsteller nahegelegte Hoffnung, daß Schreiben als Therapie mehr taugt als alle Psychologie.

2. DEUTUNG UND KRITIK

Was die »Deutschstunde« oberstufentauglich macht, ist nicht nur die Expertenmeinung, daß dieser Roman Lenz' Spitzenprodukt ist, sondern auch die nicht zu unterschätzende Tatsache, daß die meisten heutigen Deutschlehrer der Generation seines Helden Siggi angehören, also ihrerseits von Vätern großgezogen worden sind, die sie in Jens Jepsen zumindest ansatzweise wiedererkennen können. Vor allem aber ist es die aufsatzträchtige Thematik des Romans, nämlich extern die Dichotomie von Pflicht und Berufung, intern der Konflikt zwischen Pflicht und Neigung, schließlich die Neubewertung der Pflichterfüllung nach der Zahl und Schwere ihrer Opfer.

Was Pflicht ist und zu was sie führen kann, zeigt Lenz deutlich: Eine sekundäre Tugend, die ihrerseits einer Rückbindung innerhalb eines ethischen Koordinatensystems bedarf, um nicht zwei Gefahren zu erliegen: Der Unmenschlichkeit und der Verselbständigung nach Wegfall des Pflichtengebers, ja des ganzen Befehlssystems über dem, der seine Pflicht tut.

Den Höhepunkt der Bildervernichtung erreicht Jens Jepsen bezeichnenderweise erst nach dem Zusammenbruch des NS-Regimes, denn zur Pflicht gehört eine andere Sekundärtugend, die Treue, die im moralischen Sinne gleichfalls freischwebend und deshalb anknüpfungsbedürftig ist. Hannah Arendt hat lange vor Lenz die Koppelschloßinschrift der SS, jenes »Unsere Ehre heißt Treue« als Kern des faschistischen Charakters herausgearbeitet. Wer pflichtbewußt und treu ist, auch in extremen Situationen, die in Unmenschlichkeit münden müssen, braucht keine eigene Meinung, keine Philosophie, keine Religion, keine Theorie.

Jens Jepsen interessiert sich nicht für Malerei und hat auch nicht dagegen. Er bezieht sich aber auf die Verbotsverfügung, in der, wie er dem Postboten sagt, geschrieben steht, daß der Maler dem Volkstum entfremdet sei, »demgemäß is er staatsgefährdend und unerwünscht, einfach entartet, wenn Du weißt, was ich meine«. Natürlich weiß er es selbst nicht, aber darauf kommt es nicht an.

Pflicht und Treue enden, sobald der nächste Pflichten- und Brötchengeber erscheint. Aber bis dahin, und das hat Lenz klar demonstriert, schließen Pflicht und Opportunismus einander aus. Der Postbote und der Maler appellieren ergebnislos an den Opportunismus, den sie bei Jepsen vermuten, weisen ihn auf das nahe Kriegsende hin, auf den Ruhm, den der Maler im Ausland genieße. Nichts zu wollen. Der nördlichste Polizeiposten Deutschlands ist ein duty-freak-shop.

Des Pflichtmärtyrers Frau Gudrun unterscheidet sich von ihm bei aller sonstigen Ähnlichkeit in einem wichtigen Punkt: Sie hat eine negative Primärtugend, das heißt sie ist in ihrem Kern unmenschlich. Während Jens Jepsen die instrumentelle Seite des Faschismus vertritt, verkörpert sie die moralische. Jens Jepsen bewahrt einen Rest väterlicher Liebe und Anerkennung für Klaas (»Er hat sich verstümmelt, aber dazu ist auch was nötig«). Gudrun aber, die an anderer Stelle behinderte Kinder für »unwertes Leben« erklärt, verhöhnt ihren Sohn (»Angst, Angst ist dazu nötig«).

Am Ende fragt Hilke, »warum dies Haus so fremd sei und so feindselig«. Ja, warum wohl. Alle Kinder aus dem Haus gegrault, einen davon psychisch krank gemacht. Ende einer Pflicht-Übung.

Ein großer Roman? Ich meine nein. Die Folgenlosigkeit der Pflichterfüllung für die Täter und die Passivität der Opfer wirken auf den ersten Blick so verführerisch schlüssig, so überzeugend, weil beides der Nachkriegsrealität entspricht, über die sich die Nachgeborenen – gleichfalls folgenlos – erregen. Aber ein zeitkritischer Roman sollte mehr sein als die Individualisierung von Geschichte. Hier hätten Konflikte ausgetragen werden können, hier hätte es, jawohl, auch ein show-down geben müssen oder eine Katastrophe mit anschließender Katharsis für den Pflichtverblendeten. Warum schlägt Siggi nicht zurück, als er, immerhin knapp zwanzigjährig, vom Vater gezüchtigt wird? Warum läßt Lenz seinen Klaas nicht vor dem Erschießungspeloton enden? Wieso läßt er ihn überhaupt einen Bauchschuß überleben? Warum kommt Nansen mit zwei Tagen Gestapo-Haft davon? Warum straft er nicht seinen Peiniger? Warum plant, ja erwägt er es nicht einmal, um dann meinethalben, wie der pathetische Held in Ralph Giordanos »Bertinis«, die Rache mit guten Gründen zu verwerfen?

Typisch Lenz: Gemächlich kommt es immer wieder zu tragischen Zuspitzungen, und dann brechen die Spitzen und werden rund, gefällig und langweilig wie schleswig-holsteinische Dünen.

In der gesamten 500-Seiten-Schwarte ist nicht eine Stelle, die Entsetzen auslöst oder Schmerz. Selbst der Abtransport eines an beiden Beinen amputierten Veteranen vom Bahnhof verkommt noch zur Idylle.

Wie der Inhalt, so der Stil. Umständlich, unsinnig detailverliebt und träge, ohne jeden Tempowechsel, fließt die Geschichte dahin. Ganze Kapitel enden in erzählerischen Sackgassen, und Postboten wie Kneipenwirte sind der Lenzschen Hochsprache mächtig, wenn sie nicht gerade »Tschüß« sagen.

Überflüssige Nebenfiguren werden eingeführt wie etwa Dr. Busbeck, der Freund und Förderer des Malers. Offenbar mußte hier neben dem Maler (Emil Nolde) noch seinem weniger bekannten Galeristen ein literarisches Denkmal gesetzt werden. Der 15-Seiten-Abschied des Malers von seinem Freund gehört jedenfalls zum Langweiligsten, was die deutsche Literatur der Nachkriegszeit zu bieten hat (Pardon, die Krone gebührt natürlich Gabriele Wohmann).

Zugegeben: Lenz' Sprache ist farbig, voll stimmiger Bilder und überra-
schender Beobachtungen, aber sie hat nichts Innovatives, und, oh ach und
weh, alles ist verwoben mit einem großväterlich-bildungsbürgerlichen
Gespöttel, einem gemütvollen, grundgütigen, alles verzeihenden Humor.
Thomas Mann auf dem Dorf, oder: Lenz, der literarische Großmeister des
Schlick-Barock.

3. LENZ

Siggi schaltete seine Schreibmaschine aus, und trommelte mit den Fingern zufrieden auf die Tischplatte. Trommelrevolver, ich muß den Trommelrevolver anmelden. Er holte die Waffe aus der Schublade und lehnte sich zurück. Waffenbesitzkarte, ich brauche die Waffenbesitzkarte, damit ich die Bösen in meinen Romanen endlich ordnungsgemäß sterben lassen kann. Er drückte ab und betrachtete erstaunt seine zerfetzte rechte Hand.

Plötzlich war der Raum voller Menschen, die ihn mit bleicher Aufmerksamkeit ansahen.

Der erste (sich räuspernd): Wir haben hier in der Nähe gerade einen internationalen Analytiker-Kongreß und wollen mal reinschauen. Dicker Blonder (ihm ins Wort fallend): Ich kann schichtig kiecken wie Lina Drögbüttel bei Euch zu Hause und weiß deshalb, daß Du in Deinem nächsten Bestseller die Psychologen verklapsen willst. Das sind immer unsere Lieblingsfälle, weißt Du? Siggi (mit Redehemmung an der Pfeife suckelnd): Mm, mm, pfft. Alter Mann mit Ledermantel (Siggis zerschossene Hand ergreifend): Selbstverstümmelung. Sie kommen vor's Kriegsgericht. Drückebergerei vor der Literaturfront, klare Sache, Kollegen. Dicke Frau (den Ledermantel wegdrängend): Siggi, in Deinen letzten fünf Romanen kommt nicht eine einzige Berührung zwischen Mann und Frau vor, und jetzt machst Du's Dir so. Siehst Du da keinen Zusammenhang? Schmächtiger Bebrillter (der Dicken von hinten an die Brüste fassend): Völlig daneben, Kollegin. Kastration auf der Sublimationsebene, hämophrenische Kataphlaxe. Ziegenbärtiger Glatzkopf (den Bebrillten zurückreißend): Alles Quatsch. Spontanheilung vom Schreibzwang, insbesondere vor Weiterentwicklung syntaktischer Hydrozephalitis: Er pflanzt immer das Objekt vor den Satz und läßt dann den kompletten Satz hinterhertrödeln. Ist vorbei jetzt. Gratuliere, Siggi. Einer aus dem Hintergrund (in Siggis handschriftlichen Notizen blätternd): Hör mal Siggi, es mag ja nach Blattlausfickerei aussehen, aber ich hab mal drei Semester Jura studiert, bevor mir das zu öde wurde, und deshalb fällt mir auf, du läßt hier einen mit drei Jahren Jugendstrafe im Heim für Schwererziehbare auflaufen, also entweder Knast oder Heim, und außerdem hätte er gar nicht verurteilt werden können, einmal wegen Schuldunfähigkeit und dann auch, weil

Diebstahl Zueignungsabsicht voraussetzt, und dein Held wollte die Bilder doch nur retten, also frag mal 'n Juristen, bevor du ....

Der Revolver schepperte auf den Fußboden. Siggi schreckte hoch und blickte um sich. Alles in Ordnung. Wie konnte mir das passieren, dachte er. Mal sehen, was habe ich denn zuletzt geschrieben? Er las:

»... Darauf gab Hilke Jutta die Hand, Addi gab dem Maler die Hand, und nachdem ich Jutta die Hand gegeben hatte, gab ich auch Addi die Hand, wobei mir einfiel, daß ich Max Ludwig Nansen noch gar nicht die Hand gegeben hatte und dies tat und damit erreichte, daß Hilke ihr Versäumnis begriff und schnell noch dem Maler die Hand gab, und fast hätte ich auch noch Hilke die Hand gegeben, wenn der Maler nicht zwischen uns getreten wäre, um seine Pfeife von einem Bord zu nehmen.

Ich hoffe, das geht bald vorüber, sagte Hilke.«*

Ach so, murmelte der Dichter. Kein Wunder, daß ich eingenickt bin.

---

* Originalzitat aus Seite 53/54 des Romans, Lizenzausgabe, Gütersloh 1968.

MARTIN WALSER
Ein fliehendes Pferd

1. DIE GESCHICHTE

Der Mittvierziger Helmut Halm, Studienrat an einem renommierten Stuttgarter Gymnasium, macht mit seiner Frau Sabine (die Kinder sind woanders) zum 11. Mal hintereinander Urlaub am Bodensee. Angewidert von den ständigen Versuchen seiner Umwelt, besonders seiner Schüler, ihn zu durchschauen, flieht er in Verstellung, Abkapselung und Schweigen.

In das Scheinidyll platzt sein Jugendfreund Klaus Buch mit seiner halb so alten zweiten Frau Helene (Hel) im Schlepptau. Und fängt sofort an, den introvertierten Halm mit einem nicht enden wollenden Schwall von penetranten Sympathiekundgebungen zu nerven. Halm, der sich an kaum etwas erinnern kann und will, hört sich mit steigendem Widerwillen an, wie Buch in lobenden und glorifizierenden Jugenderinnerungen schwelgt, deren Held Helmut Halm heißt.

Die Buchs ziehen im Urlaub ein asketisches Programm durch, bestehend aus Laufen, Tennisspielen, Segeln, anschließend Geselligkeit, freilich ohne Zigaretten und Alkohol. Halm, der eine kontemplative Existenz vorzieht und Genußmittel keineswegs verschmäht, schreibt an seinen Jugendfreund einen Brief, den er nicht abschickt; darin bekennt er, daß er nicht daran interessiert sei, etwas über sich zu erfahren oder zu sagen. Sein Herzenswunsch sei das Verheimlichen. Je mehr ein anderer über ihn wisse, desto mächtiger sei er über ihn.

Am nächsten Tag findet eine Segeltour zu viert statt. Klaus Buch setzt seine Selbstentblößung fort. Er brauche die Überforderung, die Grenze, sonst lebe er nicht. Deshalb sei er Journalist geworden. Er und Hel hätten auch schon Bücher geschrieben, über Essen und über Kräuter. Seine erste Frau habe sich nicht weiterentwickelt, vor allem sei sie mit seiner Bumskultur nicht klargekommen. Er stehe umheimlich aufs Federn, und seiner Geschiedenen sei dabei »echt schlecht geworden«. Dann schwelgt er unvermittelt in pubertären Phimoseproblemen sowie Onanie- und Weitpinkelwettbewerben, wiederum mit dem angewiderten Halm als Hauptperson.

Der findet derweil zunehmend Gefallen an Helene Buch, während seine Frau sich auch nicht unbeeindruckt zeigt vom Sex-Appeal des sportlichen Schwätzers. In den Zweierbeziehungen werden Risse sichtbar. Hel Buch ist genervt, weil sie ihren Mann ständig ihrer Zuneigung versichern muß (»Du magst mich nicht mehr, gell?«), Sabine Buch ist sexuell frustriert, seit ihr Mann, gelähmt durch die »furchtbare Propaganda in den Druckwaren«, aufgehört hat, »seiner Geschlechtlichkeit zu entsprechen«.

Halm versucht, die Initiative an sich reißen. Er überredet die anderen zu einer Waldwanderung, da die Wälder »das alte Gefühl der Endlosigkeit erzeugten«. Der Ausflug wird ein Reinfall. Es regnet, die Buchs kabbeln sich, Halm läßt sich von Buchs Gewäsch provozieren. Bis sie, aus einem Dorf kommend, von einem fliehenden Pferd überholt werden, verfolgt von mehreren Bauern. Buch rast hinter dem Pferd her, nähert sich dem mittlerweile stehenden Gaul, springt auf und reitet auf dem zunächst bockenden Pferd zu den anderen zurück. Allgemeine Bewunderung. Halm spürt Eifersucht in sich hochkriechen.

Nachts gesteht Sabine Halm ihrem Mann, sie habe Angst, sich in Buch zu verlieben. Halm hat plötzlich das Gefühl, sich am Rand einer Katastrophe zu bewegen. Wieder will er nicht mit seiner Fau schlafen, diesmal mit der Begründung, »dann dächte sie an Klaus und er an Helene, und das sei für ihn eine Vorstellung, die ihn abrüste.«

Tags darauf machen die beiden Männer eine Segeltour. Buch schwatzt von seinen hohen Ansprüchen an sich selbst und, ohne einen Funken Selbstkritik, von seinem Bedürfnis, von seiner Frau und anderen angebetet zu werden, sich selbst eingeschlossen (»Ich bin ein Anbeter meiner selbst«). Er versucht, Halm zu einem neuen Leben zu überreden, zur »challenge«. Er fragt, wie oft Halm seine Frau bumse und dröhnt, er hole ihn heraus aus seiner Flaute: »Dich richte ich wieder her.«

Plötzlich Sturm. Alles nachtschwarz, Böen, hohe Wellen, Warnlichter vom Ufer aus. Halm will zurück in irgendeinen Hafen, aber Buch möchte sich dem Sturm stellen. Er nennt Halm einen Feigling. Das Boot gerät in Schieflage. Wellen schwappen über Bord. »Dieser Klaus Buch war also wahnsinnig«, wird Halm klar. Er gerät in Panik. Um zu verhindern, daß die Brecher ins Cockpit schlagen, wo er selbst sitzt, stößt er Buch schließlich mit dem Fuß die Pinne aus der Hand. Buch hat keinen Halt mehr und kippt rücklings über Bord. Das Boot richtet sich auf und gewinnt an Fahrt. Halm schreit nach Buch, doch der ist nicht mehr zu sehen. Nach wilder Fahrt strandet das Boot. Gerettet.

Halm macht sich Vorwürfe. Natürlich versucht er, sich mit dem Notwehrgedanken zu beruhigen: Wenn Buch weitergemacht hätte, wäre das Boot gekentert und beide wären ersoffen – aber dann gesteht er sich ein, daß er »eine Sekunde lang (...) den Schein nicht geschafft«, sondern gelebt hat.

Als hätten sie ein Vermächtnis zu erfüllen, kaufen die Halms Trainingsanzüge und Fahrräder. Hektische Betriebsamkeit bricht aus. Ende der Vita Contemplativa? Nein, denn da taucht Helene auf, erschüttert, verstört und doch auf eine merkwürdige Weise befreit. Natürlich leisten sie der Witwe Gesellschaft. Der Calvados löst Hels Zunge, und nun bricht alles aus ihr heraus, was das Zusammenleben mit Klaus unerträglich gemacht hatte, seine ständige Selbstüberforderung, seine Schreie im Traum, seine gesamte an seinen wahren Fähigkeiten – der Naturbeherrschung – vorbeizielende Existenz, seine Verkrampftheit und Streitsucht, sein irrer Egoismus, die Unterdrückung ihrer eigenen Neigungen (er hatte ihr das Klavierspielen verboten), seine Empfindlichkeit und sein zwanghaftes Bedürfnis nach Selbstbestätigung. Und dann war sein Jugendfreund aufgetaucht, an den er sich sofort klammerte, denn, so meint auch Hel, an seiner »ruhigen, festen Art, hätte er gesund werden können.«

Helene, mittlerweile betrunken, simuliert ohne Klavier die Wanderer-Fantasie von Franz Schubert. Da betritt der Totgeglaubte die Wohnung und befiehlt ihr mitzukommen, ohne die anderen zu beachten. Buch meidet Halms Blick. »Also sollte er den Blick des nach hinten Kippenden bewahren. Wahrscheinlich hatte Klaus ihn in diesem Augenblick so durchschaut, wie ihn noch niemand durchschaut hatte.«

Halm verläßt mit seiner ratlosen und schwer besorgten Sabine überstürzt den Urlaubsort. Erst im Zug verspricht er, ihr alles zu erzählen »von diesem Helmut, dieser Sabine«.

2. DEUTUNG UND KRITIK

Helmut Halm, der typisch Walsersche Held, der in mancherlei Hinsicht die Züge des Dichters selbst trägt (Walser ist bezeichnenderweise am Ort des Geschehens aufgewachsen), verstellt sich, täuscht seine Umwelt über sich, läßt sich nicht in die Karten gucken. Wenn Kommunikation, wie Karl Jaspers einmal gesagt hat, das Miteinander von Mensch zu Mensch ist, versagt er sich dem wahren menschlichen Zusammenleben. Er öffnet sich der Welt nicht kommunizierend, sondern nur betrachtend, der Natur nicht (wie sein Gegenspieler Buch) beherrschend, sondern wiederum nur kontemplativ. Wie eine jämmerliche Karikatur auf das von Klaus Buch gezähmte fliehende Pferd taucht am Abend der Rettung aus dem Bodensee auf Halms Bettdecke ein »Heupferd« (Grashüpfer) auf, das er, als es zu zucken anfängt, mit leisem Ekel auf die Fensterbank legt.

Doch Halm gerät in die Klemme. Seine Verstellungskraft reicht nicht aus, um im Schlafzimmer sexuelles Interesse zu heucheln, dessen Notwendigkeit und Natürlichkeit er als Gymnasiallehrer nachdrücklich propagiert, um weiter als fortschrittlich zu gelten. Damit tut er seiner Frau weh, schlimmer noch: Da er zu ihr einen Grad der Vertrautheit erreicht hat, der es ihm unmöglich macht, sie zu kränken, ohne sich zu kränken, leidet er an sich selbst.

Während Halm sich dem Leben zu verweigern beginnt, schwänzt Buch seinen wahren Beruf, nämlich den des Abenteurers, des Conquistadoren. Diese Tätigkeit vermittelt heute kein Arbeitsamt, und so ist er durch einen »saublöden Zufall«, wie Hel sagt, in diesen »Scheißjournalismus« hineingeraten. Die Novelle macht Beispiele sichtbar von dem, was er kann: Pferde zähmen, im Sturm segeln, eine Terrasse bauen. Und ein guter Liebhaber ist er sicher auch. Aber den allergrößten Teil seiner Zeit plagt er sich mit dem Verfassen von Texten ab, die andere besser machen könnten. Ständige Selbstüberforderung paart sich mit Unsicherheit und dem Drang, gelobt, gepriesen, geliebt, ja angebetet zu werden.

Ein Mißverständnis führt beide zusammen. Buch hält Halm für einen abgeklärten Intellektuellen, von dessen Freundschaft er sich neuen Halt erhofft. Halm soll als rettender Strohhalm herhalten, an den sich sich Klaus Buch klammert. An ihm, so meint ja sogar Helene Buch, hätte er gesunden können.

Wie denn? Beide verfolgen spezifische Varianten der Lebensuntüchtigkeit, und als sie einander im Sturm auf dem Bodensee durchschauen, gibt es, trotz der wundersamen Rettung, kein Wort mehr zwischen ihnen, keinen Blick, nichts.

Wenn es eine Hoffnung auf Heilung für die geschlagenen Helden gibt, dann nur durch die beiden Frauen.

Hel tut gut daran, ihren angeberischen und unendlich egoistischen Selbstüberforderer zu verlassen, auch um ihrer selbst willen. Als sie denkt, er sei tot, räsonniert sie, daß sie es nach einem weiteren Jahr für immer mit ihm ausgehalten hätte, aber das sind wahrhaftig keine schönen Aussichten.

Und Sabine Halm? Man wünscht ihr, daß sie es schafft, ihren Mann aus seinem Schneckenhaus zu locken, und daß er sich vor dem wahren Leben, vor dem Miteinander nicht länger drückt.

Mit dem Problem des Alterns freilich müssen die beiden Männer schon selbst fertig werden.

Zum Schluß ein Wort zur Walserschen Sprache. Kindlers Literaturgeschichte der Gegenwart erwähnt im Mäkelton die »raffiniert-schönen Bildwirkungen«. In der Tat ist die Sprache an vielen Stellen auf eine barocke Weise schön, etwa bei der Schilderung des aufkommenden Sturms. »Man sah im Wasser«, heißt es da, »alle Blaus, das Silber, das Rosa; zusammen ergab es ein immer stahlflüssigeres Blau, in dem ein violettes Gold flutete. Und da hinein rissen dann die Gewitterböen ihre schwarzen Narben.«

Doch bisweilen verkommt der Stil zum puren Manierismus. Wenn Walser dem Antagonisten Wendungen wie »Pubertät mit Dornenkrone« oder »So eine inzüchtige Zielsüchtigkeit« in den Mund legt, dann sieht man wieder einen dieser konditionsschwachen Nachkriegsautoren im Wörtersee strampeln, schlucken und prusten.

3. MARTIN WALSER: DAS GESAMTWERK

Auf vielfachen Wunsch präsentieren wir im folgenden das Gesamtwerk des ewigen Dritten der bundesdeutschen Nachkriegsliteratur. Eine behutsame Kürzung des mehrere tausend Seiten umfassenden Opus' war unvermeidlich.

Älter
werden
ist
ganz
schön
beschissen.

DANKSAGUNG

Fast alle Autoren sind Einzelgänger, aber fast jeder hat einige Leute, denen er zu besonderem Dank verpflichtet ist.

Ich bin keine Ausnahme. Erwähnen will und muß ich deshalb

– Wolfgang Freise (*Göttingen*), der mir mit Engelsgeduld beigebracht hat, wie man einen störrischen Computer zureitet, und der mir, wenn dieses Buch erscheint, trotz ungezählter Bitten wahrscheinlich noch immer keine Rechnung geschickt haben wird,

– meinen Vetter Carsten Kuhlmann (*Hamburg*), der als Germanist das Manuskript mehrfach durchgesehen und mich davor zu bewahren versucht hat, daß sämtliche Deutschlehrer bei der Lektüre der Interpretationen den roten Füller zücken, sowie

– Vito von Eichborn (*Frankfurt*), der mir das Thema vorgeschlagen hat und ohne den ich noch heute nur gut die Hälfte der besprochenen Werke flüchtig kennen würde.